- 国家自然科学基金青年项目（项目号：71902059）
- 湖南省自然科学基金青年项目（项目号：2020JJ5379）
- 宏观经济大数据挖掘与应用湖南省重点实验室

知识网络与企业创新研究

ZHISHI WANGLUO YU QIYE CHUANGXIN YANJIU

徐露允◎著

知识产权出版社

全国百佳图书出版单位

—北京—

图书在版编目（CIP）数据

知识网络与企业创新研究/徐露允著. —北京：知识产权出版社，2021.6
ISBN 978 - 7 - 5130 - 7521 - 3

Ⅰ. ①知… Ⅱ. ①徐… Ⅲ. ①企业创新—研究 Ⅳ. ①F273.1

中国版本图书馆 CIP 数据核字（2021）第 084341 号

内容提要

知识经济时代下，企业创新与知识管理密不可分。知识基础观认为创新就是知识组合及重新组合的过程，企业知识整合策略的不同带来了异质性的知识基础结构。基于此，本研究将社会网络分析方法引入知识基础，利用中国汽车产业中的汽车制造企业的专利数据构建知识网络，并以汽车制造企业为例剖析知识网络的演变过程，采用理论分析和实证检验的方法分析知识网络特征对企业创新绩效的影响。本研究一方面有助于揭示我国汽车产业知识融合发展规律，为日后推动技术跨界融合以提升自主创新能力提供了一定的理论指导；另一方面丰富了知识管理与企业创新绩效关系的研究，对汽车制造企业优化知识管理决策具有重要意义。

责任编辑：韩　冰	责任校对：谷　洋
封面设计：回归线（北京）文化传媒有限公司	责任印制：孙婷婷

知识网络与企业创新研究

徐露允　著

出版发行：**知识产权出版社** 有限责任公司	网　址：http：//www.ipph.cn
社　址：北京市海淀区气象路 50 号院	邮　编：100081
责编电话：010 - 82000860 转 8126	责编邮箱：hanbing@ cnipr.com
发行电话：010 - 82000860 转 8101/8102	发行传真：010 - 82000893/82005070/82000270
印　刷：北京九州迅驰传媒文化有限公司	经　销：各大网上书店、新华书店及相关专业书店
开　本：720mm×1000mm　1/16	印　张：9
版　次：2021 年 6 月第 1 版	印　次：2021 年 6 月第 1 次印刷
字　数：140 千字	定　价：69.00 元

ISBN 978 - 7 - 5130 - 7521 - 3

前　言

　　"一带一路"倡议的实施，为我国企业"走出去"提供了从政策背景、贸易环境到资金、文化等各方面的支持，也带来了多重发展机遇；"互联网＋"推动移动互联网、云计算、大数据、物联网等与现代工业深度融合，极大地促进了我国传统技术升级发展。实现产业转型升级战略目标的首要任务是提升企业自主创新能力，加强关键核心技术研发，实现企业技术创新主体地位的强化。知识基础作为企业拥有的关键创新资源，被认为是创新的基本元素，知识元素之间的选择性融合反映了企业创新决策的差异性，并对创新绩效具有重要影响。因此，本书围绕企业知识网络及其与创新绩效之间的关系开展了一系列研究，主要内容包括以下三个方面：

　　（1）以中国汽车产业为例探讨了企业知识网络的构建过程，并重点分析了知识网络关系特征和聚集特征的演变过程。通过对知识网络的结构特征演变的分析发现：我国汽车产业知识网络关系特征总体水平较低，但仍呈现出上升趋势，汽车产业在总体上形成了一定程度的局部知识聚集和全局知识聚集，但局部聚集程度明显高于全局聚集程度；同时，依据市场类型、所处经济区域以及是否参与协作研发或技术标准制定将企业进行分类，不同类别下企业知识网络结构特征呈现出差异性。

　　（2）基于理论推演构建了知识网络对企业二元式创新绩效的影响模型，并利用中国汽车产业数据进行实证检验，研究发现：企业知识网络关系广度与利用式创新绩效呈倒 U 形关系，并负向影响探索式创新绩效；知识网络关系强度正向影响利用式创新绩效，并负向影响探索式创新绩效；知识网络局部聚集与利用式创新绩效和探索式创新绩效均呈倒 U 形关系；知识网络全局聚集正向影响利用式创新绩效，并与探索式创新绩效呈倒 U 形关系。

（3）基于理论推演提出了知识网络聚集特征与企业新产品开发绩效的关系模型，利用中国汽车产业中汽车制造企业的专利和新产品数据，实证检验了知识网络局部聚集和全局聚集对新产品开发绩效的影响。实证结果表明：知识网络局部聚集负向影响企业新产品开发绩效，而知识网络全局聚集对企业新产品开发绩效的负向影响不显著。

本研究基于知识基础、动态能力、协同创新和标准经济学等理论，建立了知识网络对企业创新影响机理的理论框架，并通过计量经济分析方法利用中国汽车产业数据对其进行了验证，研究结论不仅丰富和拓展了知识基础与创新绩效关系的研究，而且在实践上为企业如何实现高效知识融合，以提升创新效率并加快产业转型升级步伐提供了有价值的建议。

目　录

第 **1** 章 绪 论

1.1 选题背景与研究意义

1.1.1 选题背景

我国经济发展进入新常态，如何在新一轮科技革命推动下实现经济发展方式快速转变，已成为提升我国综合国力、建设世界强国的关键问题。全球产业分工结构格局正在形成，抢占产业变革先机，打造具有国际竞争力的重点产业成为加速我国经济发展方式转变的必由之路。经过几十年的快速发展，我国许多产业规模跃居世界第一，为我国社会经济发展奠定了基础并为世界经济发展做出了贡献。然而，面临新常态下的资源和环境约束、生产要素成本提升和对外贸易困境，调整产业结构和实现产业转型升级成为我国产业发展亟须解决的问题之一。在持续创新的推动下，我国许多产业在国际竞争中占据了一席之地，然而，由于我国仍处于工业化进程中，我国企业在技术实力方面与发达国家相比仍存在差距。这些差距主要表现在：产业大而不强，自主创新能力较弱，关键核心技术对外依存度较高，创新体系不完善；信息化整体应用水平不高，与工业化融合深度不够；产业结构不合理等。基于此，我国政府大力推动"中国制造2025""一带一路"和"互联网＋"的无缝对接，力图通过产业融合、技术融合提升自主创新能力、加快产业转型升级，加强我国企业在国际市场中的综合竞争力，抢占新一轮全球竞争制高点。

在产业转型升级战略实施过程中，企业的首要任务是提高自身自主创新能力，以创新带来突破，科技引领升级。在知识经济时代下，科技与经济、技术与产业紧密相关，开发新技术和新成果实现产业转型升级，已成为增强产业活力、提升产业竞争力的关键途径。因此，越来越多的企业重视核心技术研发和自主品牌树立，并充分利用我国产业发展条件的重要变化，抢先抓住发展机遇，以实现自主创新能力的提升。在加快产业转型升级过程中，跨产业技术深度融合已逐渐成为一种趋势，产业边界模糊化推动跨产业之间的渗透和融合越来越普遍，快速变化的市场需求和不断提升的技术复杂性使得企业愈发重视通过技术融合实现创新。因此，基于产业转型升级研究技术融合与自主创新能力提升之间的关系成为学术界和产业界关注的重点。

1.1.2 研究意义

创新是企业持续发展和长久生存的重要驱动力，并成为企业获取竞争优势的关键因素。知识基础理论将知识视为企业拥有的最大资源，并认为其对创新具有重要影响。传统知识基础理论认为知识基础是研发投入和人力资本的组合，然而越来越多的学者意识到知识基础是由内部知识元素构成的，并具有不同属性，创新的产生是知识存量积累、知识整合优化的过程。探讨企业创新绩效的研究主要形成以下两种观点：一是定位于企业内部，重点关注资源基础、组织学习等内部因素对创新绩效的影响；二是定位于企业外部，重点关注合作关系、环境动态性等外部因素对创新绩效的影响。虽然学者们从不同角度探讨了企业创新绩效的内、外部影响因素，但鲜有研究从知识视角系统地关注知识网络对企业技术和产品层面创新绩效的影响。鉴于此，本研究基于知识基础和动态能力等理论，构建知识网络与企业创新绩效的理论模型，并利用我国汽车产业数据，引入社会网络分析方法，用实证检验提出的理论模型。本研究不仅丰富和拓展了知识基础与创新绩效关系的研究，而且在实践上为企业开展高效的知识融合，以提升创新效率并加快产业转型升级步伐提供了有价值的建议。

1.2 相关概念界定

1.2.1 知识网络

根据节点的形态将知识网络划分为三类。第一类是主体—主体网络，该类型网络是从知识视角研究主体间的相互作用和影响，即知识在不同主体间流动或传播的网络；第二类是主体—知识网络，该类型网络是将主体和观念、知识、信仰等连接起来的网络，关注主体和知识间的对应关系；第三类是知识—知识网络，该类型网络是以知识为节点、以知识分类或语义分类为基础而建立的知识之间的网络，关注企业内部知识之间的关系。其中，知识—知识网络和主体—主体网络得到了较为广泛的关注，它们在企业创新过程中均有重要作用。

在知识基础理论中，创新是实现知识元素之间的组合，并将知识组合予以成功应用的过程。创新的关键是挖掘有价值的知识组合，并受到不同技术领域中知识之间依存关系的强烈影响。因此，在识别出有价值的知识组合之前，需要对不同技术领域中知识之间的依存关系进行探索。知识之间的依存关系是知识属性的一部分，企业通常无法事前获知不同技术领域中知识之间的所有依存关系，如何尽可能多地掌握这些依存关系，成为提升创新绩效的重要环节。在创新过程中，当两个不同技术领域中的知识具有依存关系时，与一种知识的单独使用相比，两种知识的组合利用可以带来更高效益，此时企业需要投入资金、时间等成本以实现相应的知识整合及其配置。一般情况下，不同技术领域中知识之间均存在依存关系，有些依存关系易于被挖掘而有些依存关系则不易于被挖掘，知识依存关系的成功挖掘使得企业知识基础中知识元素不是独立存在的，而是通过某种关系连接在一起的。具体地，知识元素是发明创造的基础，若两个知识元素同时出现在同一发明中，则两个知识元素间形成一条连接。

随着知识基础理论的不断发展与完善，学者们总结出了知识元素的两个特征：第一个特征是知识元素具有关系结构特征，即知识之间可以建立某种关系或连接；第二个特征是知识具有可检索或可解释性结构，即与现有知识元素相似的其他知识元素可以较为轻松地被获取。基于上述两个特征，学者们引入社会网络分析法，将知识基础描绘为知识网络，一个网络节点代表一种知识元素，节点之间的连接代表相应知识元素成功进行了组合。不同技术领域中的知识构成了一个知识集，对所有企业来说，其面临的都是同一个知识集，即企业可以考虑的知识元素和知识之间依存关系是相同的。然而，资源异质性使得企业必须根据自身需求在众多知识元素和依存关系中做出最有利于自身发展的知识获取和知识组合决策。不同的知识元素及其组合成为知识网络的最基本元素——节点和连接，对于不同企业来说，知识网络的基本构成元素如节点数量、种类和连接方式等都可能是不同的，从而使得知识网络呈现出差异性的结构特征。

1. 2. 2 二元式创新

探索—利用这一对概念被广泛应用于组织学习、组织设计、知识管理等领域。适应性过程研究的关注点是新可能性的探索和已有陈规的利用之间的权衡问题。在组织学习领域中，组织也面临着在现有探索行为和利用行为之间的抉择。因此，学者们将这对概念引入组织学习领域，提出"探索"需要组织进行搜索、实验和变异，即偏离已有行为轨迹，面临更高的不确定性；而"利用"则是通过选择、执行来提高生产力和效率，该模式可以带来更稳定的收益。这两种行为对于组织学习和发展均具有重要作用，但由于探索和利用行为之间存在的固有矛盾，需要组织进行有效的管理以减缓两者之间的矛盾。Levinthal 和 March 进一步提出探索是新知识的学习，而利用则是已有知识的利用和发展。随后，"探索"和"利用"这一对概念被引入技术创新领域，并逐渐成为创新领域的研究热点。学者们将技术创新分为利用式创新和探索式创新，从技术和市场角度来看，探索式创新是为了满足新兴顾客或者市场而进行的创新，提供新技术、新设计，创造新市场，开拓新分销渠道；相反地，利用式创新是为了满足现有顾客或者市场的需求，旨在扩展已有知识和技能，改善已有设计、产品和服务，提高已有分销渠道的效率。总的来说，探索式创新是一种突破式、激进式的创新行为，以寻求新的可能性为目标；而利用式创新则是一种渐进式的创新行为，是在现有资源基础上的改进和完善。

1. 2. 3 新产品开发

新产品可以定义为设计特性的变化，可以分为新面世的产品、新产品线（企业内的新产品）、现有产品线的延伸、对现有产品的改进和修改、降低成本和重新定位。通过上述分类可以看出，新产品大致可分为对企业而言的新产品和对市场而言的新产品。对企业而言的新产品得到了许多学者的关注，并且也是本研究讨论的重点。学者们围绕新产品开发的概念提出了自己的观点，有的学者认为新产品开发是组织利用自身的资源和能力来创建新产品或者改进现有产品的一个过程；也有一些学者认为新产品开发是一个需要精确的和最新的市场信息，以及互补性和专门知识的问题解决过程。总的来说，新产品开发是企业为了满足市场需求和实现竞争目标对产品进行构思、设计、试销到正式投产的全过程。

新产品开发是企业研发管理的重要组成部分，相对于为发现新知识或新科学原理而进行的基础性研究，以及将科学原理转化为实用性技术的应用研究，企业的新产品开发是以新产品为中心，更侧重于商业性目的的开发活动，包括产品概念、产品定义、技术评估、产品设计、产品研发、产品测试和产品发布等多个环节，是一个理念或技术得以实现、管理并最终转移至市场的过程。

1.3　研究内容与研究方法

1.3.1　研究内容

本研究运用知识基础和动态能力等理论，研究知识网络对企业创新绩效的影响，主要有六个部分。

第1章为绪论。通过选题背景和意义的分析提出了研究问题，并对相关概念进行界定，概括研究内容与研究方法。

第 2 章是理论基础与文献综述。从知识基础、动态能力和协同创新等方面进行理论准备，介绍了知识网络的形成与发展，并对知识网络结构及其主要影响因素进行了归纳；接着分析了二元式创新绩效的影响因素，并综述了知识基础与二元式创新绩效关系的研究；随后介绍了新产品开发的影响因素以及知识基础与新产品开发绩效关系的研究，为后续研究提供了理论基础。

第 3 章从知识维度分析了企业创新的知识整合本质，以中国汽车产业为例探讨了企业知识网络的构建过程，围绕关系特征和聚集特征分析了中国汽车产业的知识网络结构的演变过程，并进一步分析了不同分类下知识网络关系特征和聚集特征的演变过程，旨在揭示企业知识整合策略的动态变化过程。

第 4 章阐述了知识网络对二元式创新绩效的影响机理，并提出研究假设；随后，利用中国汽车产业相关数据对各变量进行测度，并对研究假设进行实证检验。

第 5 章阐述了知识网络对新产品开发绩效的影响机理，并提出研究假设；随后，利用中国汽车产业相关数据对各变量进行测度，并对研究假设进行实证检验。

第 6 章为研究结论。根据理论分析探讨实证研究结论，为企业如何构建有助于提升创新绩效的知识网络提供了管理建议，并为产业及国家层面如何引导企业更好地开发创新活动提出相关政策建议。

1.3.2　研究方法

本研究包括理论研究和实证研究，将定性与定量分析方法相结合，主要研究方法包括以下几种。

（1）文献资料法。从中国知网、万方、EBSCO、Web of Science、

JSTOR、ScienceDirect、Wiley、Springer、Taylor & Francis 等数据库检索了与知识基础、协同创新、二元式创新和新产品开发相关的文献；在文献筛选、整理与阅读的基础上，对相关研究成果进行总结与评述，以提炼研究问题，并为研究的开展奠定理论基础。

（2）演绎分析法。从创新的知识整合本质出发，提出了知识网络对技术创新绩效和新产品开发绩效的影响路径。

（3）社会网络分析法。根据研究需要，收集中国汽车企业的发明专利和实用新型专利，利用专利信息中的国际专利分类号信息，构建样本企业不同阶段的知识网络"0-1"邻接矩阵，并利用 UCINET 软件刻画相应的知识网络拓扑结构图，计算知识网络结构相关指标，为后续分析做准备。

（4）计量经济分析法。根据研究假设与样本数据特征，选择负二向回归模型，通过实证检验了企业知识网络对创新绩效的影响。

第 2 章　理论基础与文献综述

2.1　理论基础

2.1.1　知识基础理论

考虑到企业是承载知识的重要实体，许多学者提出应该从知识视角对企业之间的异质性问题进行研究。Polanyi 将知识分为显性知识和隐性知识两类。隐性知识与其所有者相关，难于甚至是不可能对其进行解释，只有通过观察和尝试才有可能获取这类知识。通过某种形式的编码可以将隐性知识转化为显性知识，实现知识作为一种信息进行处理和传输，然而，显性知识仍然无法完全替代隐性知识所包含的全部内容。因此，隐性知识的存在使得企业所掌握的知识往往多于其可以解释的部分。针对这一问题，Kogut 和 Zander 于 1992 年首次提出"知识基础"这一概念，他们认为"知识基础"包括的各种信息和技能成为维持企业生存和发展的重要能力。1996 年，Grant 将"知识基础观"作为一种企业理论正式提出，并探讨了知识基础理论的核心要素，他认为知识不仅停留在组织内部，而且具有可转移性、可整合性、专属性等特征，企业整合各种专业知识并将其应用于产品商业化。因此，企业的主要角色是知识应用而不是知识创造。随后，知识基础理论得到了学者们的广泛讨论，部分学者认为知识基础观是资源基础观的延伸，是将资源的概念扩展到无形资源（如知识基础）；部分学者将知识基础观视为组织战略学习和组织理论的有效扩展，可以为组织运作提供新的研究视角；还有部分学者将知识基础观视为一种企业发展的社会构建，而不是一种资源。由此，知识基础观可以分为三个不同的流派：基于组织学习的知识基础观、基于动态能力的知识基础观和基于战略视角的知识基础观。

1. 基于组织学习的知识基础观

组织学习是知识基础观的重要理论基础，组织学习过程可以被定义为企业将新信息引入其行为以改变自身的行为模式从而可能带来更好结果的过程。学习理论是逐渐从个人层面扩展到组织层面，被视为一个组织适应环境的关键过程。一方面组织学习是创造新知识和通过已有资源重新组合促进组织发展的过程。在学习过程中涉及组织惯性这一概念，组织惯性是组织学习的基础，是组织为了获取重复绩效的执行能力，组织学习也受到组织以往经验的影响。因此，组织学习过程是一种为了已有行为管理的完善和改进而存在的适应性改变过程。在演化经济学中，企业被视为知识仓库，而知识仓库就是组织惯性的一种并且影响了组织行为。另一方面，组织学习也是企业知识基础的演化过程。知识基础演化受到企业吸收能力的影响，吸收能力是指识别外部信息，通过学习、转移、消化等过程最终将外部信息被企业所利用的能力。吸收能力受到企业内部沟通渠道、企业内部知识分布和研发决策模式等因素的影响，由于知识是不断积累的过程，具有路径依赖效应，所以吸收能力也是企业知识的函数。

2. 基于动态能力的知识基础观

资源基础观认为稀缺的、不可模仿的有价值资源以及一整套运作惯例和技术技能是企业持续优势的来源。在竞争激烈的市场环境中，资源快速调整和配置成为提升企业绩效的关键因素。简单来说，资源快速调整和配置是企业的"动态能力"。从知识视角出发，动态能力是有效知识管理活动的集合，而一项知识管理活动则是为了实现知识基础的更新和利用而进行的，动态能力有助于实现企业知识资源流动，旨在通过知识在企业内部的流动帮助企业利用已有知识开发新技术、新产品。知识基础动态变化不仅包括新知识创造，也包括知识状态改变，例如从无关的孤立状态到与其他知识的整合或者从非编撰知识到编撰知识。Nielsen基于动态能力的知识开发、知识整合、知识利用提出了八种知识管理活动：识别、知识创造、购置、获取、组装、共享、整合、利用和开发。动态能力配以相关的知识管理活动促进知识基础的流动，并支持组织能力的创造和利用。知识是企业的关键战略资源，如何快速地进行知识调整和再配置对于企业在动态环境中获取竞争优势具有重要意义。

3. 基于战略视角的知识基础观

Kogut 和 Zander 强调了知识作为企业优势来源的战略重要性，并认为具有优势的企业是那些在内部创造市场并进行知识创造的企业，知识是由个体掌握，通过个人自愿地在组织中进行彼此合作为企业创造价值。他们指出知识创造取决于企业现有能力，企业知识会遵循路径依赖的方式进行演化，即已有知识复制和重新组合。战略理论学者们认为复制知识能力决定企业增长速率，但是这种复制加速了竞争者的模仿，只有通过不断地知识重组并利用其发现市场机会以及避免竞争对手的模仿，企业才能在激烈的竞争中通过持续创新获取更大收益。企业隐性知识和显性知识之间的区别使得隐性知识对于基于战略视角的知识基础来说更重要。因此，该研究视角下的许多学者将隐性知识视为企业最重要的战略资源，隐性知识的难模仿性和弱流动性使其成为持续竞争优势的基础。更进一步地，企业知识可以被理解为个体知识创造的放大过程，并将个体拥有的知识转化为企业知识网络的一部分，这个过程由知识螺旋构成，主要通过非正式网络关系实现，而螺旋则是个体和组织层面中隐性知识与显性知识间持续的相互作用。

知识基础观强调了知识在企业竞争优势获取和维持长久生存过程中的重要战略意义，企业需要根据所处环境做出高效的知识管理决策，以提升知识基础的动态能力，并通过隐性知识的强化培养核心知识；同时，应积极与外界建立合作关系，通过多渠道进一步扩展知识基础，从而实现企业的持续竞争优势。

2.1.2　动态能力理论

企业战略管理需要解决的重要问题是如何获取和维持竞争优势，随着经济全球化、市场全球化的到来，如何快速满足用户多样化需求成为企业得以在激烈的竞争中维持生存的关键问题。资源基础观是战略管理理论中较有影响力的一种理论，资源基础观认为当企业拥有有价值、不可模仿、不可替代、稀缺的资源（即所谓的 VRIN 属性）时，企业就可以利用这些资源创造新的价值并且不易被竞争者模仿，从而获取可持续的竞争优势。然而，资源基础观没有充分解释企业在变幻莫测的环境中如何以更快的速度获取竞争优势。基于此，在继承和发展资源基础理论，并针对外部环境动态性日益增强特征的基础上，Teece 和 Pisano 于1994 年提出了动态能力的概念。随后，Teece 等人于 1997 年进一步对动态能力理论进行了深化和完善，他们认为动态能力是基于企业核心能力形成的，对于竞争优势的获取具有重要意义。此外，动态能力还包括企业随环境变化的能力，以及在环境变化时适应、整合、再配置内外部组织能力、资源和核心能力的能力集合。在 Teece 等人的研究基础上，学者们从不同的科学视角对动态能力内涵进行了丰富和拓展。Eisenhardt 和 Martin 认为动态能力是企业使用资源以匹配甚至是创造市场变化的过程，特别是整合、再配置、获取和释放资源的过程。总而言之，动态能力是在变化的市场环境中企业资源再配置的组织和战略惯例。Zollo 和 Winter 认为动态能力是为了提高效益通过系统地创造和调整其运作惯例而实现的可学习并且稳定的集体行为模式。

在学者们的推动下，动态能力理论无论在广度还是深度方面都得到了全面拓展。动态能力理论相关研究主要分为四个研究视角。①基于战略管理的研究视角。该视角下的动态能力是资源基础观的补充和完善，是企业为了适应环境变化调整内外战略资源的能力。这种战略能力既包括静态的也包括动态的，往往与个体资源较为相似，而当这种能力和组织流程相关时它就成了一种特殊资源。具体地，动态能力是一系列具体的、可辨别的新产品开发、战略决策或联盟流程，尽管不同方面的动态能力表现出细节和路径依赖等方面的独特性，但它们在企业之间存在共同点，这些共同点往往被称为"最佳做法"。②基于演化的研究视角。企业经验积累、知识衔接、知识编码和运作惯例是动态演化的主要流程，动态能力受到这些学习机制演化的影响。混合学习行为是由半自动积累的经验和知识衔接、编码行为构成的，而这些能力构建机制的有效性则取决于任务的可学习性，如频率、一致性和因果歧义程度等因素。③基于组织的研究视角。作为动态能力决定因素之一，组织学习可以被视为动态能力的"组织方法"，与组织动态性相似，企业动态性也是由知识创造推动的，而知识创造则取决于企业转化一系列事件带来的隐性知识、实现其内部化的能力。④基于技术的研究视角。企业对新技术的使用和改进具有不同的能力，这种能力影响了企业新产品开发或者新项目开发的效果，从而影响企业动态能力。在技术视角下，动态能力可以视为一种技术能力，企业如何利用技术解决方案加快技术演化、缩短新产品或新项目开发流程等对于提升其动态绩效具有重要作用。

通过上述分析可以看出，动态能力的本质是各种资源（知识、技术等）动态演变的过程，企业利用动态发展策略在激烈的竞争中获取竞争优势，从而提升企业绩效。为了回答动态能力如何影响企业绩效的问题，许多学者展开了相关研究。Zott 提出了一个将动态能力视为指导企业资源再配置的一整套惯例的模型，通过分析发现动态能力的三个属性影响了企业绩效，它们分别是资源配置的时机、成本和学习。他通过仿真分析发现动态能力导致演化轨迹的改变，纵然企业拥有相似的动态能力，但三个属性的不同使得企业间呈现出绩效的差异性。Lin 和 Wu 分析了动态能力中 VRIN 属性的资源对企业绩效的促进作用，而非 VRIN 属性的资源对企业绩效没有显著的影响；动态学习能力对 VRIN 属性的资源与企业绩效的正向关系具有最有效的加强作用。Teece 于 2007 年进一步将动态能力细化为感知能力、把握能力和再配置能力，并认为企业在提升和部署这三个能力时较为困难，强势的企业精神才能使企业具有较强的动态能力，只有真正理解企业长期运营的成功基础才能帮助企业做出更优决策以提高企业绩效。为了回答为什么有些企业更善于开发和应用动态能力的问题，Wang 等在考虑企业策略和市场动态性的情况下，研究了"成功陷阱"在动态能力和企业绩效中的作用，发现成功陷阱使得企业更倾向于已有能力的利用，而忽略了新能力的开发。因此，成功陷阱对企业动态能力具有非常显著的负向影响，从而降低了企业绩效。基于 Teece 的研究，Chiu 等将动态能力分为感知能力、协调能力、自治能力和再配置能力，并提出了以上四种能力和激进式创新绩效之间的结构模型，研究发现四种能力都与激进式创新绩效正相关，企业系统地发展这四种能力有助于激进式创新绩效的提升。

从以上文献回顾中可以看出，学者们都肯定了动态能力在企业绩效提升、获取竞争优势过程中的关键作用，并且大量实证研究结果验证了这一观点。经济全球化进程的加速使得我国企业面临的经营环境日趋复杂，面对产业转型升级的迫切需求，创新已成为企业获取竞争优势的主要来源。因此，亟须加快创新步伐，在复杂多变的环境下通过加强动态能力以提升企业的创新能力。如前所述，许多学者提出在所有资源中知识是企业最核心的资源，知识资源的高效利用成为企业动态能力发展的关键因素，基于知识视角构建知识优化的动态能力理论体系对于企业持续发展具有重要意义。

2.1.3　协同创新理论

经济全球化推动技术市场快速发展，对技术复杂程度的要求越来越高，企业面临的创新风险和成本也越来越高，如何加速企业创新进程、缩短技术生命周期以满足用户多样化需求，成为企业持续发展亟须解决的问题。在开放式创新背景下，越来越多的企业选择与外界组织，甚至是个人建立契约关系或者合作网络，通过合作关系进行协同创新获取外部资源并分担创新过程中的高风险、高成本和高不确定性。协同创新的概念源于协同学，Haken 认为协同学是一个由众多子系统通过彼此间复杂的相互作用方式所形成的复杂系统，在该系统中，子系统间通过非线性作用产生协同效应，使系统具有空间、时间或者时空的自组织结构。随后，协同思想被广泛应用于新产品开发、创新系统理论等领域。与协同创新概念相似的有合作创新、战略联盟，但战略联盟和合作创新侧重不同主体间的互动过程，而协同创新既涵盖了战略联盟、合作创新之意，也强调了各主体复杂交互作用所产生的协同效应。基于此，解学梅总结了协同创新具有创新效率高效性、创新资源可得性、创新成果共享性和创新持续性四个核心特征。企业参与协同创新的目的是期望通过跨界获取合作伙伴的异质性资源，在实现成本和风险共担的同时，提升企业创新绩效。根据合作伙伴类型的不同，可以将协同创新分为以下三种。

1. 企业之间的协同创新

协同创新有助于合作企业间分担风险和成本，也可以通过知识溢出为企业提供外部知识资源。跨越企业边界进行创新资源搜索已成为企业缩短创新进程的重要方式，特别是协同创新促进企业内外部资源的整合能力，在企业创新战略中具有重要位置。鉴于近 20 年企业参与协同创新的频率快速增长，许多学者开始探索协同创新成功的原因。企业间协同创新可以分为两种模式：横向企业协同创新和纵向企业协同创新。不同类型的商业合作伙伴具有差异性资源和能力，合作伙伴间差异性的能力导致参与协同创新的主体采取不同行为，从而影响了协同创新为企业带来的利润和创新效率，因此商业合作伙伴类型是影响协同创新的关键因素之一。例如，基于流程改进的创新可以选择与供应商进行协同创新，在渐进式创新中，既可以选择与竞争者进行合作，也可以选择与供应商进行合作以提高生产率。Atallah 发现与纵向企业的合作具有较低水平的知识溢出，因此对产品产出没有直接促进作用。Belderbos 等研究发现与竞争者建立协作研发关系对于产品创新具有促进作用，然而，Aschhoff 和 Schmidt 的研究中没有发现两者之间的正向关系。

由于企业间合作和竞争的本质，商业合作伙伴间的知识溢出可能引起机会主义行为。在协同创新中，非合作行为的动机与知识溢出水平呈倒 U 形关系，当溢出水平较低时，非合作行为动机随知识溢出水平的提升而降低，当达到一定程度后，非合作行为动机随知识溢出水平的提升而增加，只有当知识溢出达到一定程度时，惩罚机制才有助于减少非合作行为。在重复合作中，知识溢出的性质和产品市场竞争程度是影响协同创新稳定性的因素，当采取机会主义行为的动机较小时，低水平知识溢出有助于维持合作的稳定性。企业间信任程度也是影响合作稳定性的重要因素，由于高水平知识溢出可能导致合作不稳定，因此当知识溢出水平较高时，企业间需要较高的信任程度。

2. 产学研协同创新

产学研合作中创新主体间关系可以分为研发合作关系和研发服务关系。研发合作关系是主体间签订正式合作协定，旨在共同进行研发活动；而研发服务关系则是学研为企业提供学术咨询服务，通过服务获取收益。根据协同创新的内涵，产学研协同创新就是企业和大学、研究机构建立研发合作关系。大学和研究机构（Universities and Research Institutes，URIs）最初的经济社会作用如培养学生、产生科学知识等被认为是产业创新的重要来源，并通过这种方式与产业对接。然而，协同创新意味着企业和 URIs 需要建立真正的合作关系以促进创新。产学研合作及其对企业创新的影响得到了不同领域学者们的广泛关注。一方面，立法环境、政府对科研成果转化的推动以及 URIs 对国家经济贡献的政策压力都有助于促进 URIs 参与协同创新。协同创新有助于 URIs 申请更多的专利，并通过专利许可费提升收益，鼓励越来越多的研究者参与学术创业，还可以与产业界进行利润分红，通过收益提升为日后科学研究提供资金保证。另一方面，与 URIs 建立合作关系为企业提供了丰富的科学技术知识从而促进企业提升创新绩效，并且这种合作关系增加了企业申请专利的成功率，为企业进行新技术领域和新产品开发提供了更多的可能性。同时，产学研协同创新的效果也受到企业与其合作伙伴地理距离以及所在国家政治制度的影响，如所在国家的知识产权执行力度、开放度和 URIs 的科研水平等。

3. 企业—顾客协同创新

全球经济和市场一体化使得企业间竞争愈发激烈，满足顾客定制需求已成为企业获得收益的关键路径。为了满足顾客的多样化需求，柔性制造流程为产品设计带来了许多变化，使得企业能够在范围经济下获得收益而不引起显著的效率下降，同时能够提供精确的个性化定制产品和服务，从而具有更强的顾客黏结和锁定效应。为了更深入地了解消费者需求，许多学者提出在产品或服务创新过程中与顾客进行合作。企业—顾客协同创新（Collaborative Innovation with Customers，CIC）已成为一种重要的企业创新范式，企业通过顾客进行学习，并且新技术的产生促进更多的合作和开放式创新，因此，企业正越来越关注与顾客建立紧密合作关系，旨在获取新思路和新知识。在某些行业中，顾客已成为产品和服务创新思路的主要来源。对于知识密集型企业来说，CIC 模型也是一种顾客与企业知识互动的过程，因此，基于学习惯例的组织层面、战略层面、技术层面以及外部因素等影响了 CIC 模型。一方面，企业—顾客协同创新过程较为复杂，在企业与个体用户层面上，基于价值联合创造的顾客合作生产模式可以划分为五个阶段：第一阶段为建立先决条件以判断顾客是否愿意加入合作生产；第二阶段为顾客参与 CIC 的动机分析；第三阶段为成本与效益分析；第四阶段为顾客决定其参与程度；第五阶段为顾客收益评估。另一方面，基于供应链的价值联合创造框架，可以将 CIC 流程分为顾客价值创造流程、供应商价值创造流程以及这两个价值创造流程的互动和交换。

2.1.4 标准经济学

标准是一种规范性文件，可以被不同主体共同使用，还可以被重复使用。标准包括狭义标准和广义标准两种。狭义标准是指技术类标准，即技术标准，该类标准涵盖了产业范围内所有产品、生产过程、规格或程序等所有要素必须遵守的一套规范；广义标准是指技术类标准和非技术类标准的总和，即广义标准不仅包括技术标准，还包括社会管理、金融服务等非技术类标准。鉴于本研究的研究问题，文中涉及的标准都是指狭义标准——技术标准。技术标准的产生是科学、技术和经验的综合成果，并具有公共制度性的特点。技术标准与科技创新紧密结合，它们之间互为基础、互为支撑、互动发展。随着知识产权的普及和完善，科技创新成果往往以知识产权的形式存在，所以技术标准涉及一系列知识产权，有时也被视为"专利池"（Patent Pool）。鉴于标准涉及的大量科技成果和带来的经济效益，在全球经济竞争中，标准已成为影响经济发展的重要因素，全球范围的标准之争已成为"赢者通吃"的竞争。为了系统地、深入地研究标准在经济活动中的重要作用，标准经济学应运而生。总的来说，标准经济学具有多学科交叉的特征，属于一种具有边缘学科性质的经济理论体系，主要研究承载知识产品和超级科技生产力的标准的研制方式、研制成本及其应用方式与应用效果。

技术在经济社会中的关键作用已得到产业界、学术界的公认，标准作为一种发展秩序和规则，与科技成果密不可分，掌握了标准的制定权，并通过标准的普及和推广使其成为主导标准，就可以掌握市场的主动权。鉴于标准化的重要地位，标准对经济发展的促进作用在近年来逐渐得到了关注。标准作为影响经济活动的一种特殊要素，具有公权和私权的双重属性。在标准化过程中，标准化组织和个人的行为不完全是目标理性，并不以物质性补偿最大化为目标，而是同时带有公益性，需要保证制定的标准具有一定的经济效应。标准作为一种特殊的"公共物品"，也具有外部性特征，因此外部性理论是标准经济学的基本来源理论之一。在外部性理论中，网络型产业外部性得到了较多关注，网络型产业外部性可以分为消费外部性和产品外部性两种，前者是由产品使用者的数量带来的外部性，后者是由产品生产厂商带来的外部性。同时，网络型产业外部性也可以分为直接网络外部性和间接网络外部性两种，直接网络外部性与消费外部性相似，也是由产品使用者带来的外部性，而间接网络外部性则是配套产品带来的外部性。标准的推广与普及可以在同一时间内为多个经济个体带来好处，在标准制定者的战略引导以及消费市场的选择下，针对相同需求而生产的新产品最终都会收敛到一种技术上，标准的产生为产品之间建立了统一接口，从而使得不同产品间能够相互兼容，并最终为消费者带来更大收益。

根据技术标准的产生方式，可以将其分为正式标准和事实标准两种。正式标准通常是由政府机构或标准化组织参与起草的标准，具有强制性特征；事实标准则是在市场竞争机制作用下产生的主导标准，虽然事实标准是市场选择的结果，但事实标准的产生意味着各种技术和产品间不存在兼容，否则将出现正式标准。技术标准的属性应该是正式还是事实得到了学者们的广泛讨论。正式标准的优势是其设立过程具有公开透明的特征，并且考虑到了不同技术和利益集团，因此在兼容性方面具有更好的表现；但正式标准的出现与标准主导者有关，标准主导者通常对相关技术拥有完全的知识产权，一旦一项正式标准出现，整个产业就可能出现前后连贯、相互依赖的技术轨迹，即使相关技术为非最优技术，而这并不利于产业的发展。相反地，事实标准的形成是不同技术标准之间的竞争过程，这有助于避免"搭便车"行为，并且能够保证标准中涉及的技术具有动态性和先进性特征；但事实标准的设定具有私利性、不公平性和不透明性，相关利益方都可能把自身已得到知识产权保护的技术纳入标准，试图通过标准的扩散实现专利权的扩散，从而通过专利转让等途径获取巨大的经济利益。总的说来，正式标准和事实标准对于企业和产业的发展都具有重要意义，企业可以将自身的技术标准转化为正式标准，通过法律的强制实施方式实现技术推广，也可以通过市场运作使自身的技术、产品抢占市场，从而实现自身技术标准向事实标准的转化。

2.2　知识网络相关研究综述

2.2.1　知识基础视角下知识网络的形成

创新在企业获取持续竞争优势过程中的重要作用毋庸置疑。作为影响创新的重要因素，知识基础对于创新影响的研究得到了学者们的广泛关注。在知识基础理论中，知识被视为重要的战略资源，创新也就是实现知识组合并将知识组合予以应用的过程，企业已有知识基础存量及其属性对创新决策具有重要影响。企业现有知识基础中闲置的知识和未被挖掘的知识依存关系不仅是获取新知识的重要动力，而且还影响未来知识探索和知识组合的范围和方向，所以现有知识基础特征必然对未来技术探索和发展方向产生影响。企业之间的知识基础属性通常具有异质性，最优的技术探索策略往往是不存在的，只有将技术探索与自身知识基础紧密相连，才能高效地实现技术和产品的创新。

为了深入了解和分析知识基础，众多学者探讨了多个视角下的知识基础属性及其在创新（特别是技术创新）过程中的重要作用，旨在通过知识基础属性分析更好地解释企业之间的创新绩效异质性。已有的知识基础属性主要包括知识基础广度、深度、一致性、认知距离等。

（1）知识基础广度。该属性在一定程度上可以反映知识多元化程度，企业知识基础广度越高，其拥有的知识整合机会就越多，越有利于创新绩效的提升。同时，知识基础广度越高，企业对于知识的吸收能力越强，当技术环境发生变化时，较强的吸收能力使其能更快地认识并解决技术变化带来的挑战，从而获取持续竞争优势。

（2）知识基础深度。该属性反映出企业对已掌握技术的熟悉程度，企业在相应技术领域获取的创新成果越多，越有可能在相应技术领域获取专有技术，从而对该技术领域的知识越熟悉。同时，知识基础深度对吸收能力也会产生影响，知识基础深度的提升意味着相关企业已成功地实现对现有知识的反复利用，知识利用程度的加深有助于推动知识沟通和转移规则以及序列化知识利用程序的形成，从而使得相应知识及相关技能成为企业强有力的知识优势。

（3）知识基础一致性。该属性反映知识元素之间关系的紧密程度。知识整合能力是知识基础观下企业创新能力的一种主要表现，知识基础一致性对知识整合能力具有重要的影响。

（4）知识基础认知距离。该属性反映知识元素之间的非相似性程度，知识元素之间的相似性程度越高，它们之间就越可能存在相互替代效应，替代效应使得知识基础产生冗余，这种功能性冗余需要在相同背景下对相似知识元素选择进行测试，从而促进对知识元素性质的更深入了解，实现更宽广领域的应用。

知识基础中知识元素不是独立存在的，而是通过某种关系联结在一起的。学者们认为知识元素是发明创造的基础，若两个知识元素同时出现在同一发明中，则两个知识元素间形成一条连接。然而，并不是所有知识元素都可以进行组合并成功地应用于发明创造，如在化学领域中，并不是所有的化学元素都可以发生反应生成某一物质，成功的知识组合也需要反复试验和不断试错。知识元素具有两个特征：第一，具有关系结构特征，即知识元素之间可以建立某种关系或连接；第二，具有可检索或可解释性结构，即与现有知识元素相似的其他知识元素可以较为轻松地被获取。基于上述两个特征，学者们引入社会网络分析法，将知识基础描绘为知识网络。

2.2.2　知识网络特征

在知识网络中，一个网络节点代表一种知识元素，节点之间的连接代表相应的知识元素出现在同一知识组合中。知识元素数量以及知识元素的组合情况使得相应的知识网络呈现不同的特征，由知识元素以及它们之间的连接形成的知识网络特征可以更好地反映企业对其知识基础中知识元素的利用情况。任何时候的知识网络中知识元素间的连接都是不均匀的，对于企业来说可能存在某类知识元素比其他知识元素更加重要，在技术创新过程中更为频繁地被利用，企业对于该知识元素内容的了解具有更深刻的体会和更多的组合经验，甚至难以被竞争对手模仿。

社会网络分析法可以分别从个体网视角和整体网视角切入，与个体网相对应的特征是网络中某一节点所具有的个体特征，如中心度、结构洞等；与整体网相对应的是某一网络中所有节点共同呈现出的整体特征，如密度、中心势、聚集等。在引入社会网络分析方法的已有研究中，大多数学者关注了主体—主体网络（如合作网络），并形成了较为成熟的、理论含义得到公认的网络特征指标，如关系嵌入性和结构嵌入性。作为一种网络形式，知识网络特征也可以分为两类：一类是与知识元素相关的特征，另一类是网络整体结构特征。前者关注了知识网络中单个知识元素的连接情况，已有研究主要围绕知识中心度、结构洞、间接连接等方面展开，学者们指出这些特征影响了知识网络中某一节点即某一知识元素的整合机会和潜在整合可能性。然而，关注知识网络整体结构特征的研究较少，这种类别下的知识网络特征关注的是所有知识元素之间连接情况以及这些连接的配置情况，如知识网络密度。不同的整体网络特征不仅可以反映企业的知识整合及相关配置策略，还可以在一定程度上反映企业的技术发展轨迹。

2.2.3　知识网络特征的影响因素

1. 知识元素的技术领域分布

创新是实现知识整合的过程。在识别出有价值的知识组合之前，需要对不同技术领域间的知识依存关系进行搜索。知识依存关系是知识属性的一部分，知识间所有依存关系是无法事前被了解和掌握的，需要通过不断试验和试错才能获取相关信息，因此如何尽可能多地掌握这些依存关系是创新的关键。知识基础中的知识整合受到知识依存关系的强烈影响，在创新过程中，当两种知识元素具有相互依存关系时，与一类知识元素的单独使用相比，这两种知识元素的整合可以带来更高效益，此时就需要考虑如何实现相应知识元素的整合。

根据知识元素所处技术领域是否属于同一科学范畴，可以将知识多元度分为两类。一类是相关知识多元度，反映的是知识基础在同一科学范畴内的多样化程度，当相关知识多元度程度较高时，企业受益于同一科学范畴内技术领域扩展带来的范围经济，此时已有知识元素之间的整合具有相对较低的成本和风险；另一类是非相关知识多元度，反映的是知识基础在不同科学技术领域中的多样化程度。与相关知识多元度相比，非相关知识多元度对企业吸收能力具有更大的影响力，企业之间吸收能力的差异使得相应企业采取不同的知识整合策略，从而影响了企业知识网络结构。为了实现不同科学技术领域之间知识的整合，扩充知识存量、寻找已有知识元素间的连接中介也是企业在创新过程中面临的重要问题。因此，企业知识基础中所涉及的技术领域是影响知识网络结构的基本因素。

2. 知识元素整合现状

不同技术领域中的知识构成了一个知识集，对于所有企业来说，其面临的都是同一个知识集，然而企业实际上掌握和利用的知识却存在差异。尽管知识依存关系决定了知识整合机会和潜在可能性，并影响企业的知识组合方向，但这些依存关系并不能完全决定知识整合决策。首先，对于企业来说，不同技术领域间的知识依存关系的挖掘能否产生以及产生多少绩效是未知的，只能通过反复试验和不断试错。其次，考虑到知识之间潜在的依存关系数量较多且难易程度不同，企业必须根据其自身的需求做出选择。因此，企业的知识整合策略也在一定程度上取决于现有知识元素的整合现状。简单地说，企业的知识整合决策具有一定的路径依赖性。

需要指出的是，知识依存关系与知识元素连接是不同的概念。依存关系是知识的本身属性，而连接则是在探索新技术过程中已有创新决策的产物，无论是隐性知识还是显性知识。当两种知识元素被认为存在相互依存关系，即相应知识元素的整合可以带来有价值的技术时，这两种知识元素之间可能存在一定程度的连接。然而，有时即使两种知识元素存在相互依存关系，当它们之间的依存关系没有被发现时，它们之间也不存在连接，这可能是因为其他知识元素间的整合难度较低或者具有更高的应用价值。因此，知识网络中知识元素之间的整合是所有依存关系的一个子集，而这个子集受到企业决策的影响。此外，知识网络中知识元素连接通常收敛于所有潜在的依存关系，因为所有具有依存关系的知识元素之间的整合会使创新搜索过程具有一定的刚性。

3. 外界环境的影响

知识是企业无形资产的重要组成部分，并可以以多种形式存在。在动态市场环境中,知识成为企业调整其创新行为以适应动态环境的重要途径。面对快速变化的技术和产品市场需求,企业需要根据外部环境特征做出适应性改变,并利用现有资源与外部环境进行互动,以便于更好地观察和识别外部环境的变化,甚至是对外部环境进行改变;同时,企业可以通过这种互动过程实现现有资源的升级和拓展。从知识基础视角出发,当企业所在产业面临技术升级换代时,现有知识整合已无法满足其持续发展的需求,此时不仅需要挖掘现有知识基础中未被开发的知识组合,进行新知识的探索,还需要进一步优化知识整合策略。

在根据外部环境进行适应性调整过程中,企业有时可能无法凭借自身能力获取所期望的结果,此时需要借助所在系统中其他主体的力量加以实现。因为任何一种行为往往都是无法被系统中的其他行为所隔离,即任何一种变量都是与其他变量互动的,并且这种互动是无法被忽视的,这种变量间的互动就被定义为"关系"。企业与其他组织的互动也是"关系"的存在,组织间的"关系"推动企业内部知识与外界知识的互动,从而有助于加速企业新知识的探索和潜在知识整合机会的挖掘。

2.3 二元式创新绩效相关研究综述

2.3.1 二元式创新绩效的影响因素

1. 内部创新资源

研发投入是影响企业创新绩效的最重要因素之一。研发投入包括创新人力资源和财力资源的投入,已有研究指出研发投入与创新绩效正相关。在研发投入过程中,企业形成了新技术和新知识,随着知识产权制度的不断完善，企业将新知识和新技术转换为专利，在专利保护下，企业从专利产出获取的收益显著提升，进而实现专利产出预期收益高于企业研发投入，因此企业研发投入促进其专利产出的提升。企业内部创新资源对二元式创新绩效的影响主要体现在以下两个方面。

第一，创新资源的投入量和质量。一般来说，拥有更多创新资源的企业可能具有更高的创新绩效，如用于创新支出的资金支持、高质量技术人员和商业资源等。创新使得相关资源最终转化为企业的专有知识，并实现技术积累。研发团队是创新活动的执行者，是企业创造价值的关键来源，建立有效的知识转移渠道帮助研发团队高效获取新知识，对于提升企业创新绩效起着重要的作用。

第二，创新资源的利用程度。在组织结构、企业规模等因素的影响下，企业可能无法实现对创新资源的充分利用，从而使得不同企业即使拥有相同的创新资源也会具有不同的创新绩效。为了提高创新资源的利用率，需要实现创新资源的高效配置和搭建有效的创新信息传递、反馈途径，以促进研发人员在创新过程中更好地彼此交流；同时，激励机制是企业技术创新的源动力和"催化剂"，建立有效的激励机制以推动创新团队的高效率工作，对于提升企业创新绩效具有重要意义。

2. 外部创新资源

创新是企业及相关者与内外部环境、自身需求和社会需求相互作用的复杂过程。高效地利用外部创新资源可以为企业提供良好的方向指导和支撑环境，有利于创新能力的提升。外部创新资源包括人力资源、物力资源，与创新及其创新成果应用相关的技能、技巧等方面，外部创新资源的高效利用能够促进创新活动的发生和创新绩效的提升。

获取外部创新资源的关键因素是互动关系的建立，与外部组织或个人的互动关系促使企业超越组织边界，通过外部资源获取所需知识。在与外部组织进行互动的过程中，信任、知识共享、共同解决问题等机制是影响企业能否从外部获取战略性资源以促进创新提升的关键因素。首先，信任关系的存在使得企业无须担心对方的机会主义行为，而是更加依赖彼此，通过双方共同努力实现共同目标；彼此信任的企业将进行更多的合作，并且随着合作深度的增加，彼此间信任程度将进一步提升，从而有助于更深入地获取异质性资源，甚至是合作伙伴的敏感信息。其次，有效信息的交换通常是知识的交换，即知识共享，由于创新是一种技术诀窍和知识的积累过程，知识共享有助于加速企业创新的产生和解决方案的形成，随着知识共享程度的加深，企业可以获取更准确、更及时和更广泛的信息，从而有助于及时发现各种技术机会和市场机会以加速技术创新过程，降低技术和市场变化带来的创新风险，进而提升创新绩效。最后，共同解决问题是指各合作方为了解决合作过程中出现的问题以维护合作关系而产生的适应性调整的行为。需要指出的是，共同解决问题强调了合作各方的责任共享，合作各方需要建立正式或非正式制度，或者编制一定的规范和共同语言，以减少合作障碍和成本，从而更快地解决合作中遇到的问题，增加组织效率，促进技术创新绩效的提升。

通过上述分析可以发现：为了提升二元式创新绩效，企业一方面需要对内部创新资源进行充分的利用，以提升创新效率；另一方面，也需要进一步拓展内部创新资源范围，为更多创新活动的开展提供支撑。在内部创新资源利用和范围拓展过程中，企业可以借助外部力量，在外部创新资源的帮助下，实现更高效的内部创新资源利用和范围拓展。在知识视角下，内部创新资源可以视为企业自身掌握的与创新有关的知识及其应用的技能、技巧；外部创新资源可以视为企业通过一定途径获取的与创新有关的外部知识及其应用的技能、技巧。这两类创新资源在企业二元式创新活动的开展过程中均具有重要作用，但如何影响二元式创新绩效还有待进一步研究。

2.3.2　知识基础与二元式创新绩效关系的研究综述

知识基础是企业创新活动的主要来源，创新的过程就是实现不同技术领域之间的知识整合。知识整合一方面取决于知识基础中的知识存量，另一方面也取决于企业的知识组合策略和创新路径。知识存量和知识整合使得企业知识基础呈现出独有的结构特征。因此，知识基础属性在一定程度上反映了企业的知识利用方式和创新路径，在路径依赖的作用下，企业知识基础属性必然对其日后的创新绩效具有重要影响。鉴于知识元素之间的组合关系比知识元素本身更重要，反映知识元素之间关系的知识基础属性引起了学术界的重视，学者们试图通过研究知识基础属性对创新绩效的重要影响来帮助企业在竞争激烈的市场环境中提升创新绩效、获取竞争优势。

知识基础属性主要包括知识基础广度、深度、一致性、互补性和替代性等。国外学者们率先聚焦于知识基础属性对创新的影响，并指出知识基础是创新活动异质性的重要来源。随后，国内学者们也逐渐关注到知识基础特征对创新绩效的重要影响，郭国庆等采用权变观点发现了知识基础在企业技术探索和创新绩效间关系的调节作用；刘岩等利用中国电子信息企业数据发现知识基础广度与一致性正向影响企业技术创新绩效，知识基础深度与技术创新绩效之间具有倒 U 形关系；蔡虹等进一步发现知识基础广度在企业技术合作关系形成过程中也具有重要作用；随后，刘岩等研究发现知识基础广度和一致性减弱了技术合作强度对企业技术创新绩效的促进作用，知识基础深度则加强了两者之间的正向关系。为了进一步区分知识基础属性对不同类型创新绩效的影响，Dibiaggio 等研究发现知识基础互补性与企业创新绩效具有显著正相关关系，知识基础替代性与企业创新绩效具有显著负相关关系，其中高水平的知识基础替代性促进企业探索式创新绩效的提升。Carnabuci 等重点关注企业知识重组能力与利用式创新绩效之间的关系，通过研究发现知识多元化增强了企业的知识重组能力，促进利用式创新绩效的提升。

随着知识基础相关研究的不断深入，学者们引入社会网络分析，通过构建企业知识网络，研究知识网络结构对创新绩效的重要作用。Yaya-varam 等基于全球半导体行业研究发现知识基础网络的可分解结构特征对企业创新绩效提升具有促进作用；刘岩等研究发现知识网络密度、分解性与企业技术创新绩效之间均存在倒 U 形关系；Wang 等利用一家美国领先微处理器制造商的专利数据，构建合作网络和知识网络，研究发现知识网络中心度与探索式创新呈倒 U 形关系，度数中心度与探索式创新呈负向关系；Guan 和 Liu 基于纳米能源企业专利数据发现知识网络中知识元素的直接连接与利用式创新呈倒 U 形关系，但与探索式创新绩效的关系不显著，知识网络中知识元素的间接连接正向影响利用式创新绩效，但与探索式创新绩效的关系不显著，知识网络中知识元素的非冗余连接不利于利用式创新绩效的提升，但有利于探索式创新绩效的提升。

2.4　新产品开发绩效相关研究综述

2.4.1　新产品开发绩效的影响因素研究

关于新产品开发绩效的影响因素概括起来主要包括市场因素和资源因素两个方面。新产品开发是连接市场与研发的重要桥梁，许多学者关注了市场决定论视角下的新产品开发绩效的影响因素。同时，新产品开发是一个涉及多种资源、多环节的复杂过程，成功的新产品开发离不开创新资源的投入和高效管理。新产品开发绩效资源层面下的影响因素可以分为内部影响因素和外部影响因素两个方面。

1. 内部影响因素

资源基础理论强调企业要充分利用自身所控制资源的异质性来调动相关的资源和能力，并通过有效识别、配置和利用企业所拥有的优势资源，以保持企业的可持续性竞争优势。新产品开发是一种知识密集型活动，要求使用多种隐性和显性知识来创造新产品与新服务，高效的技术、知识管理能力在新产品开发活动中具有重要作用。新产品开发一般涉及多个学科领域的知识，企业需要在内部实现知识共享，从而更准确地识别客户需求、合理制定新产品开发目标。企业知识被不同人员所掌握，因此，人力资本管理在新产品开发过程中的关键作用也得到了学者们的关注。

2. 外部影响因素

与资源基础理论相比，资源依赖理论更注重外部环境对企业内部资源和经营行为的影响，强调不同外部环境会对企业资源获取起到差异化的作用结果。基于供应链视角，新产品开发受到供应商参与和顾客参与的影响，企业可以获取供应商和顾客在能力、投资、信息、知识和创意等方面的投入，从而整合和利用相关投入以提升新产品开发绩效。供应商的专用性投资、合作意愿、供应商层次、历史绩效和先前的合作经验等因素均被纳入研究范畴。已有文献围绕顾客参与对新产品开发速度、新产品创新程度、新产品开发绩效等方面的影响展开了研究。新产品开发还依赖于企业嵌入的各种社会网络，企业通过参与战略联盟、企业集群、产学研合作、协作研发等形式的网络快速获取资源，从而提升新产品开发绩效。鉴于创新的重要性，各国政府都在不遗余力地采用政策手段鼓励企业增加创新研发投入，政府补贴对新产品开发绩效的影响也得到了部分学者的关注。

2.4.2 知识基础与新产品开发绩效关系的研究综述

已有关于新产品开发的研究指出，企业知识基础及其属性（如知识深度、广度、多元化）影响企业开发新产品的能力。知识基础及其属性对新产品开发的影响主要体现在以下三个方面。

（1）新产品开发可以被视为解决问题的过程。知识基础属性通过知识整合活动影响新产品开发，因为新产品开发问题的解决方案的搜寻活动是基于企业知识存量展开的。对于已有知识的利用，知识的重复使用有助于实现沟通、知识转移的经济化，从而通过加速知识使用惯例的形成而解决新产品开发过程中的相关问题。同时，知识的重复使用能够使相关知识更加可靠，企业积累的同一套知识概念的经验有利于企业对相关知识内容、概念有更深入的理解，从而提高共同知识的复杂性，并能够更好地利用它们的创造性方式来解决新产品开发问题。知识范围通过丰富企业的知识基础和提高企业解决新产品开发问题的重组能力而影响新产品开发。对于新知识的引入，企业吸收的新知识越多，越有可能利用这些新知识开发新的规则和惯例以及新的解决问题的过程，这可能会增加所执行的新产品开发任务的可变性，并加强组织内的协调。

（2）知识基础属性通过作用于企业不同职能部门的知识共享过程中的规则、惯例的形成而影响新产品开发。对于经常被企业所利用的知识来说，企业已经围绕相关知识的使用建立了相应的规则和惯例，并产生了更高水平和更复杂的共同知识，从而促进跨职能部门的知识分享和整合能力的提升，并最终提升企业对新产品开发问题更复杂的理解力。对于新掌握的知识来说，其在企业内跨职能部门的共享有助于新知识组合的产生，从而影响新产品开发。企业会依据新吸收的知识对内部规则、惯例和问题解决过程进行调整，以提升这些新知识在跨职能部门中的共享效率；同时，这些新建立的知识整合机制提高了共同知识水平、任务绩效的频率和变异性以及组织结构。

（3）新产品开发是企业适应动荡环境和实现可持续竞争优势的主要方式。在被确定为创新成功决定因素的各种因素中，吸收能力是一个核心因素。吸收能力是指企业识别具有价值的知识、吸收知识并将其应用于商业目的的能力。有学者提出技术能力即企业使新技术发挥作用的能力是吸收能力的重要组成部分，并在成功的产品创新中发挥关键作用。企业的吸收能力取决于其现有的知识储备，并且这些知识大部分都嵌入其产品、流程和人员中。因此，知识基础观认为企业的知识基础在决定其新产品开发成果方面发挥着重要作用，企业的知识基础对其开发创新性新产品的能力有积极影响。企业的新产品开发是一个应用现有知识的过程，企业拥有的知识和吸收能力共同决定着新产品的性能。

第 **3** 章　知识网络的演变过程分析

3.1　创新的知识维度分析

在知识基础理论中，企业被视为知识创造的实体，企业拥有的知识以及对知识进行利用和创造的能力成为获取持续竞争优势的主要来源。具体地，企业就是一个将信息整合变成知识，并且根据环境变化在现有知识中创造出新知识的场所。知识只有通过在一定情境下的认知和利用才能真正被企业所理解和掌握。同一产业内所有企业都可以获取的知识称为组成性知识。这些组成性知识构成了知识基础的基本元素。由于这些知识是显性的，并且不能为企业带来竞争优势，企业需要对这些组成性知识进行整合，并将知识组合进行配置，从而实现组成性知识向架构性知识的转化。架构性知识是指通过有规划地将已有组成性知识进行组合并配置成具有一定结构特征的知识基础。完整的架构性知识构建需要经历两个阶段：整合和配置。

1. 整合

知识整合可以分为跨越组织边界的外部知识整合和组织边界内的内

部知识整合。内部知识整合是为了解决特定问题而围绕已有知识进行的协调整合行为，通过外部知识整合获取的新知识也必须经过内部整合与消化，才能真正促进创新并加快创新成果的商业化过程。因此，知识整合能力在企业创新过程中具有重要意义。知识整合能力包括整合效率、整合范围和整合灵活性三种。

（1）知识整合效率是指在知识整合过程中获取和利用组成性知识的方式和难易程度。企业是否具有竞争优势在一定程度上取决于其如何利用内、外部知识进行知识创造，而对内、外部知识的利用则取决于不同技术领域中知识之间的整合效率。知识整合往往受到知识本质的影响，不同技术领域中知识之间的整合效率，一方面取决于这些组成性知识是否具有依存关系；另一方面，不同技术领域中知识之间普遍存在依存关系，但企业对于这些依存关系通常是不了解的，只有通过反复试验、不断试错才有可能掌握相关诀窍，而企业对于不同技术领域中组成性知识之间依存关系的了解程度直接反映了知识整合效率的高低。具有较高整合效率的企业对不同技术领域中的组成性知识具有较为丰富的整合经验，并且对这些组成性知识之间的依存关系比较了解。因此，无论是围绕内部已有知识的重新整合，还是吸收外部新知识后的整合，对于知识整合效率较高的企业来说都较为容易；对于知识整合效率较低的企业来说，其对已有组成性知识之间的依存关系了解较少，无论是已有知识的再开发利用还是新知识的引入，都会受到其负面影响。

（2）知识整合范围是指在知识整合过程中可以利用的组成性知识数量。企业知识基础存量是其进行知识整合的基本要素。对于知识整合范围较大的企业来说，其知识基础中涉足的技术领域较多；对于知识整合范围较小的企业来说，其知识基础中涉足的技术领域较少。多样化的技术领域为知识整合提供了更多选择，有助于提高创新效率。同时，企业在不同技术领域之间实现交叉创新，可以享受技术交叉领域带来的范围经济，率先发现新技术机会。从知识基础角度看，知识多元化为不同技术领域中的组成性知识整合提供更多可能性和更丰富的思路。

（3）知识整合灵活性是指在知识整合过程中学习和利用新组成性知识，并且将其与现有组成性知识进行整合的能力。从知识整合灵活性的定义可以看出，知识整合灵活性与探索式创新绩效密切相关。企业若要在快速变化的技术和市场环境中保持持续竞争优势，则需要具有较强的动态能力。这就需要企业在知识整合方面具有灵活性，即可以根据外部环境变化不断学习新知识以拓展自身知识基础，并实现新知识和现有知识的整合和应用。知识整合灵活性通常可以反映出企业在以往创新过程中对创新决策的选择倾向。在路径依赖作用下，灵活性较高的企业对于新知识获取有着更丰富的学习经验，从而使其对探索式创新更具倾向性；而灵活性较低的企业为了避免新知识学习过程中的高风险和高成本，更倾向于可以带来更多经济收益的利用式创新。

2. 配置

知识整合是将组成性知识转化为架构性知识的基础步骤，完整的架构性知识构建还需要经历配置这一过程。此过程中涉及三种能力：系统能力、协调能力和社会化能力。系统能力是指利用信息处理系统如编码、规划和流程等实现成体系的知识组合配置的能力；协调能力是指通过培训、岗位轮换和构建高效的组织结构为内部知识互动提供有效途径的能力；社会化能力是指建立企业文化如价值观和行为标准以无形力量推动架构性知识构建的能力。系统能力决定了创新的方向、策略和流程等。知识整合离不开跨人员、跨团队的知识、经验等的交流，协调能力中的构建组织结构不仅是创新资源分配和创新信息传递、反馈的影响因素，也是创新诸多影响因素发挥作用的枢纽。企业文化是一把双刃剑，一方面为进行高度协调的创新和有效的技术学习提供良好的基础，另一方面也可能成为创新和学习的阻力。

　　企业在进行创新前通常需要事先制定运作流程、编制正式语言和工作手册、建立信息系统等正式的知识交换机制为高效率创新提供前提和保证。企业内部正式的知识交换机制有利于高效率地调动现有知识及相关资源。对于复杂的创新活动来说，其复杂程度越高，越需要建立正式的运作流程以保证其成果的成功率和有效性。一方面，系统能力反映企业在行为过程中按照计划执行的程度，其主要价值是减少了企业内部不同人员或团队在沟通和协调方面所耗费的成本；另一方面，系统能力推动既定行为准则的形成，在这种准则的作用下，企业人员或团队的行为是可以预计的，并且使创新具有明确方向。

　　协调能力关注的是企业内部人员或团队在创新过程中存在的互动关系。企业拥有和掌握的知识分布在不同人员和团队手中，实现创新不仅需要一个孤立人员或团队内部的信息处理系统，同时也需要建立一种有助于不同人员或团队间的信息处理与互动关系的交流机制。实现互动关系的协调能力培养可以通过培训和岗位轮换、优化组织结构等来实现。构建动态环境以实现企业人员之间的知识流动是协调能力的关键组成部分。培训和岗位轮换是构建动态环境的有效途径，有助于实现企业内部的知识流动，为高效率创新提供了支撑。组织结构对于协同能力的完善起到了重要作用，例如，下级积极参与上级决策，以及内部人员、团队的横向沟通和交流有助于在决策过程中跨越权威，增强人员处理信息和协调知识的能力；同时，企业内部交流和沟通有助于抵消创新过程中由于多方参与所带来的差异性，促进了更加全局化且丰富的知识体系结构的形成。

　　社会化能力是指企业内部人员普遍共同遵守的、心照不宣的行为准则。社会化能力反映了企业员工共同的意识形态，对企业人员的行为具有指导性。社会化能力其实就是一种企业文化，企业对员工信仰和价值的灌输时时刻刻都在发生，对企业来说具有特定意义，并且贯穿了企业系统能力和协调能力发挥的整个过程。社会化能力使企业人员具有共同的价值观和行为信念，以扩展或完善企业目标为使命，信赖和忠诚于有利于企业利益的任何决定。在这种情况下，企业人员很难产生背离已有信念的行为，在社会化能力的推动下，围绕企业核心价值观的创新目标被企业内部人员共同维护和坚守。然而，社会化能力可能成为企业人员的"精神监狱"，负面影响企业人员对于外部环境变化的敏感性，特别是对市场变化的非敏感性。此外，文化强大的企业往往具有排外情节，也就是抵制背离企业文化的"越轨行为"。即使需要变化，也会试图延缓变化，并倾向于"近亲繁殖"。

3.2　知识网络的构建

3.2.1　社会网络及其在知识基础中的应用

社会网络中的数据根据其特征可以分为属性数据和关系数据两类。属性数据是指涉及主体的态度、观点和行为方面的数据，反映了主体拥有的性质和特点等；关系数据是指与接触、关联、群体、联络等相关的数据，关系数据不是主体的属性，而是多个主体间的关联属性。对于具有这两个方面特征的数据就可以使用社会网络方法进行网络分析。

社会网络具有两种表现形式：矩阵形式和网络形式。假设六个主体A、B、C、D、E、F，因为某些原因彼此建立了关系，例如参加某一组织或活动。图3.1（a）展示了一个简单的主体—关系矩阵，该矩阵为0-1对称矩阵，0和1表示相应主体间是否建立了某种关联。例如，主体A和B在矩阵中对应关联的数值为1，则表示A和B之间建立了关联。从图 3.1 （a）中也可以看出，主体 A 与主体 D 和 E 也同时建立了关联，主体 B 与主体 A、C、F 建立了关联，主体 C 与主体 B、E、F 建立了关联，以此类推。从图 3.1 （a）中可以发现，该对称矩阵反映的主体间关系是无方向的。而在现实环境中，主体间关系往往是存在方向的，此类有方向的主体—关系矩阵则表现为非对称的矩阵形式，如图 3.1 （b）所示。除了区分主体间关系是否"有""无"方向外，还可以根据主体关系强度进行区分。反映主体间关系强度的矩阵为多值矩阵，多值矩阵不仅关注主体间是否存在关系，还关注主体间关系强度的大小。图 3.1 （c）为无向强度关系矩阵示意图。

	A	B	C	D	E	F
A	–	1	0	1	1	0
B	1	–	1	0	0	1
C	0	1	–	0	1	1
D	1	0	0	–	1	0
E	1	0	1	1	–	1
F	0	1	1	0	1	–

(a)对称矩阵

	A	B	C	D	E	F
A	–	1	0	0	0	0
B	0	–	0	1	0	1
C	1	0	–	0	1	0
D	0	1	0	–	0	0
E	0	0	0	0	–	1
F	0	0	0	0	0	–

(b)非对称矩阵

	A	B	C	D	E	F
A	–	2	0	3	1	0
B	2	–	1	0	0	1
C	0	1	–	0	2	1
D	3	0	0	–	1	0
E	1	0	2	1	–	1
F	0	1	1	0	1	–

(c)无向强度关系矩阵

图 3.1　主体—关系矩阵

为了更好地理解不同类型的主体—关系矩阵，将上述三个矩阵对应的关系应用于社交网络平台中。假设六个用户 A、B、C、D、E、F 在某社交平台上进行了注册，在社交平台上他们可以进行互动（如点赞、评论等），这六个用户就是社交网络的主体，互动就是他们之间的关联。当仅考察这六个用户在某段时间是否存在互动（即只要有一方用户进行了互动，则双方就存在互动关系）时，利用无向主体—关系 0 - 1 矩阵表示即可，此时，他们之间的互动关系如图 3.1 （a）所示。通过图 3.1 （a）中的矩阵可以判断出这六个用户之间存在互动关系的有 A 和 B、A 和 D、A 和 E、B 和 C、B 和 F、C 和 E、C 和 F、D 和 E、E 和 F，其中用户 E

与除了用户 B 之外的其他用户都存在互动关系。当考察这六个用户在某段时间是否主动与其他用户建立互动关系时，可以利用有向主体—关系 0-1 矩阵进行判断。此时，他们之间的互动关系如图 3.1（b）所示。通过图 3.1（b）中的矩阵可以判断出这六个用户之间的互动关系不是对称的，虽然有些用户对其他用户进行了点赞或评论等，但对方不一定会采取相同的行为予以回应。当考察这六个用户在某段时间的关系亲密程度时，可以利用强度关系矩阵进行判断。此时，他们之间的互动强度关系如图 3.1（c）所示。通过图 3.1（c）中的强度关系矩阵可以判断出用户 A 和 D 之间的关系最为亲密，A 和 B、C 和 E 的关系也较为亲密。

为了更形象、直观地体现主体间的社会关系，在矩阵关系基础上可以利用图论方法构建社会网络。其中，网络中的节点代表一个主体，主体间存在的关系可以用节点间的连线表示。基于此，利用图 3.1 中的三个矩阵数据构建对应的社会网络图，如图 3.2 所示。

在图 3.2（a）中，两个点之间存在连接，则表示这两个点之间存在某种关系，其中点 E 具有最多的连接。图 3.2（b）为有向网络，其中用户 B 和 D 存在彼此主动互动关系。图 3.2（c）不仅反映点与点之间是否存在关系，还反映点与点之间的关系强度，其中，A 和 D 之间连接强度为 3，A 和 B、C 和 E 之间连接强度为 2，其余的连接强度为 1。社会网络图的构建对于观察和理解不同节点之间的关系和网络结构特征具有重要作用。

企业知识基础中的知识元素具有主体的特征，每一个知识元素都有各自的性质和特征。例如，知识元素属于不同的技术领域，而不同技术领域间的知识具有不同的性质和特征。另外，Saviotti 总结出知识元素具有关系结构特征和可解释性结构特征。关系结构特征是指知识之间可以建立某种关系或连接，可解释性结构特征是指企业可以较为轻松地获取

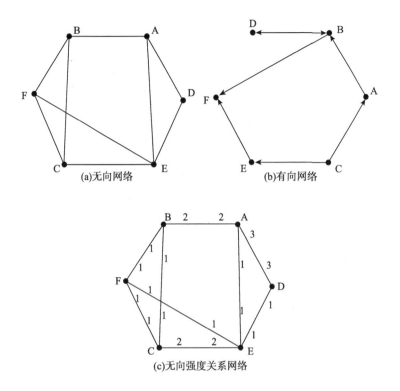

图 3.2　主体—关系矩阵的网络示意图

与现有知识元素相似的其他知识元素。因此，已有研究引入社会网络分析方法，将企业知识基础构建成知识网络，一个网络节点代表一种知识元素，节点之间的连接代表相应知识元素出现在同一知识组合中并成功予以应用。

3.2.2　中国汽车产业的知识网络的构建

1. 目标产业的确定

中华人民共和国成立时，工业基础薄弱，配套条件缺乏，在苏联的援助下，中国汽车工业边学习，边消化吸收，边自主创新，很快奠定了一定的汽车工业基础。改革开放后，中国汽车产业飞速发展，跨国汽车公司纷纷而至，一批批合资企业陆续挂牌成立，通过多年的技术引进和消化吸收，中国汽车企业实现了全面发展，国际竞争力也不断提升。其中，具有代表性的企业包括中国一汽、上汽集团、东风汽车、奇瑞、吉利、福田、宇通等，这些企业自主创新能力全面增强，与大型跨国汽车公司的差距逐渐缩小。在全球新一轮技术创新浪潮的推动下，中国汽车企业自主创新意识不断增强，开展技术创新活动已经成为企业发展的关键。随着我国知识产权保护体系的逐渐完善，专利作为企业知识产权保护的主要途径，已成为企业技术创新活动的最重要的表现形式。

随着机械、电子、电气、光学、新材料、新能源、人机工程及信息技术等诸多技术领域在汽车产业的集成与应用，汽车产业技术创新过程涉及了化工、仪器仪表、电器、电子芯片、软件、全球定位系统等大量技术。我国汽车产业正呈现出技术密集型和资金密集型特征，并成为我国具有代表性的产业之一。本小节利用我国汽车产业专利数据构建知识网络，通过研究我国汽车产业的知识网络关系特征和聚集特征的变化过程，分析我国汽车产业知识网络的演变规律，为后续研究工作的展开奠定基础。

2. 样本选取

根据《中华人民共和国专利法》相关规定，发明专利申请的审批程序包括：受理、初步审查阶段、公布、实质审查及授权五个阶段，实用新型和外观设计申请不进行早期公布和实质审查，只有三个阶段。这说明一项专利从申请到授权并公开需要花费一定的时间。不同类型的专利需要的审查时间不同，其中发明专利涉及的技术含量最高，所以耗费的时间也最久。由于专利申请到其公开具有一定滞后性，为了尽量保证观测年限期间专利数量的全面性，笔者选取 2001—2015 年作为观测年限，从"国家重点产业专利信息服务平台"数据库获取了汽车产业在国内注册的企业于 1985—2015 年申请的发明专利和实用新型专利。图 3.3 为汽车产业国内注册企业 1985—2015 年申请的非外观设计专利数量变化趋势。从图 3.3 中可以发现，汽车产业国内企业申请的专利数量从 2003 年前后开始呈现快速的上升趋势。

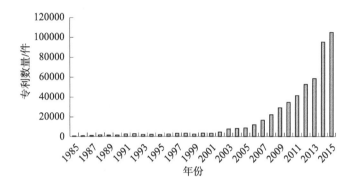

图 3.3　汽车产业国内注册企业 1985—2015 年
申请的非外观设计专利数量变化趋势

在产业转型升级过程中，我国汽车产业中越来越多的企业积极开展技术创新活动，并通过知识产权保护自身技术。图 3.4 为我国汽车产业中至少保持连续 6 年进行专利申请并被成功授权的企业数量随时间的变化情况。由图 3.4 可以看出，2005—2009 年，企业数量增长速度仍较为缓慢，平均每年增长 29.5 家，而在随后的 5 年，平均每年增长 135.8 家。2007—2009 年的次贷危机给我国经济发展带来了前所未有的挑战，但也为我国转变经济增长方式、推进产业结构调整带来了历史契机。面对产业转型升级的迫切需求，我国汽车产业中的企业在 2009 年后愈发积极进行技术创新以提升自主创新能力。技术跨界融合正逐渐成为产业技术创新的重要动力。

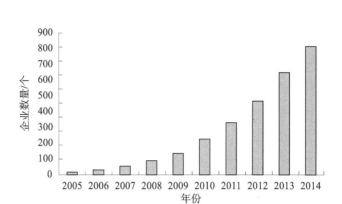

图 3.4 2005—2014 年我国汽车产业积极开展
创新活动的企业数量变化情况

3. 知识网络的构建过程

（1）知识网络节点的确定。在专利信息中，为便于从各种角度便捷地了解该发明创造信息，使用了专利名称、专利分类号、摘要等专利文献著录项目来揭示专利的技术信息。我国专利分类使用两种工具，其中发明专利和实用新型专利使用国际专利分类（International Patent Classification，IPC），外观设计使用国际外观设计分类。国际专利分类表包含了发明专利和实用新型专利涉及的全部技术领域，鉴于国际专利分类表对技术领域分类的全面性和权威性，众多关注企业知识基础的实证研究利用国际专利分类号前四位（即部、大类和小类）判断专利所属技术领域。因此，本研究也利用企业发明专利和实用新型专利中前四位国际专利分类号作为判断专利所属技术领域的依据。企业专利中不同的前四位国际专利分类号代表不同的知识网络节点。

（2）知识网络节点间关系的确定。企业申请的专利往往涉及多个技术领域，即专利中有多个 IPC 分类号，由于不同技术领域间依存关

系的挖掘需要企业反复试验、不断试错，因此，企业知识基础中不同
技术领域的知识元素间是否存在关系的判断依据是相应知识组合能否
得以成功应用，并为企业带来效益。基于此，若在同一专利中同时出
现了代表不同技术领域的前四位国际专利分类号，则可以判断这两个
知识节点可以进行成功组合并应用，它们在企业知识网络中存在一条
连接。

（3）知识网络的构建。从汽车产业中筛选出 961 家企业，从其申请
专利的第一年开始，构建连续 5 年的知识网络，由于知识基础及其结构
的形成是不断积累的长期过程，本研究构建的知识网络是逐年叠加的。
例如，某企业的第一件专利是 2001 年开始的，利用该企业 2001—2005
年专利中的国际专利分类号构建第一个知识网络，利用该企业 2001—
2006 年专利中的国际专利分类号构建第二个知识网络，以此类推，直至
构建到 2001—2014 年的知识网络。实际上，利用专利数据首先构建的是
知识网络的矩阵形式，再将矩阵数据转化为更为直观的网络形式。基于
上述知识网络的构建方法，共构建了 10 个时间窗口的知识网络，并以
构建知识网络的最后一年为网络命名。

图 3.5 为比亚迪股份有限公司知识网络示意图，其中知识网络节点
为比亚迪在汽车产业中申请专利所涉及的技术领域，节点之间的连接表
示相应知识节点出现在同一专利中。从图 3.5 中可以看出，在三个不同
阶段的知识网络中，知识网络规模即知识节点数量是不断增加的；同
时，从图中可以发现大部分知识节点间彼此都存在连接，只有少数知识
节点是孤立的，并且孤立的知识节点占知识网络中所有知识节点的比例
也呈现下降的趋势。

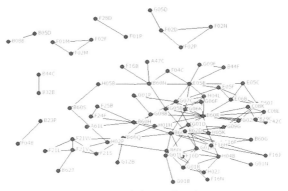

（a）2007年知识网络示意图

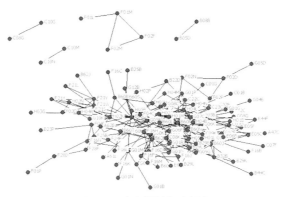

（b）2011年知识网络示意图

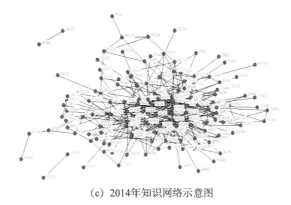

（c）2014年知识网络示意图

图3.5　比亚迪股份有限公司知识网络示意图

3.3 知识网络的演变[●]

社会网络分析方法在主体—主体网络（如合作网络）中的应用已较为普遍。在个体网视角中，关系嵌入性和结构嵌入性已被学者们广泛讨论；在整体网视角中，网络聚集等特征也得到了关注。本节将利用样本企业的知识网络关系特征和聚集特征数据，通过知识网络结构特征的动态演变趋势，分析并揭示技术融合战略在我国汽车产业中的实施情况。

3.3.1 知识网络关系特征的演变

知识网络关系特征形成的基础是挖掘和应用不同技术领域中组成性知识间的依存关系。在识别出有价值的知识组合之前，需要对不同技术领域间组成性知识依存关系进行搜索，只有成功的知识组合和应用才能真正为企业带来收益。图 3.6 为企业知识网络关系特征随时间的演变情况。从图 3.6 中可以看出，样本企业的知识网络关系广度总体上呈现上升的趋势，但总体水平仍低于知识网络关系强度，与关系广度相比，关系强度的上升趋势更加明显。

为了进一步分析知识网络关系特征的演变情况，本研究利用知识网络关系广度和关系强度数据刻画出不同阶段的企业知识网络关系特征分布情况。图 3.7 和图 3.8 分别为企业知识网络关系广度和关系强度的小提琴图。小提琴图作为箱线图和核密度图的结合，可以更直观地反映出组间数据的差异。在小提琴图中，白点是中位数，黑色盒形是下四分位

● 部分内容来自：徐露允，曾德明，陈静. 基于专利的知识网络结构特征演变分析：以中国汽车产业为例 [J]. 情报学报，2019，38（7）：750－759.

点到上四分位点，细黑线表示须。

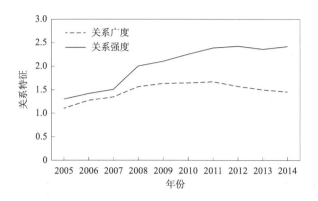

图 3.6　企业知识网络关系特征变化曲线

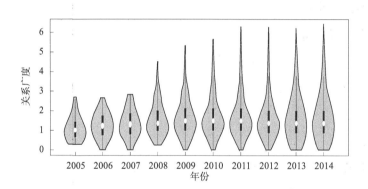

图 3.7　企业知识网络关系广度的小提琴图

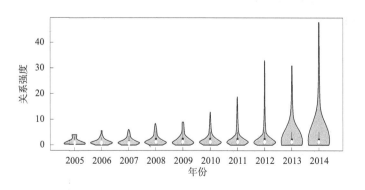

图 3.8　企业知识网络关系强度的小提琴图

从图 3.7 中可以看出，不同年份的知识网络关系广度的中位数、下四分位点和上四分位点总体呈现上升的水平，且变化幅度较小。不同年份中上侧的须或下侧的须均较长，说明企业知识网络关系广度存在比较明显的离散值，分布较不均匀，特别是 2008 年以后，关系广度较高的离散值越来越多。另外，不同年份的小提琴外形均具有中间大两头小的特征，说明知识网络关系广度低于 2 的样本数量较多，即拥有较低水平知识网络关系广度的样本企业所占比例较大，这意味着虽然我国汽车产业中的企业对于不同技术领域间的知识融合能力具有一定程度的提升，但仍需"质"的飞跃。多样化知识存量可以为整合不同技术领域中的知识元素提供更多的可能性和更丰富的思路，从而带来更创新的绩效。因此，企业在注重多元化战略实施的同时，也应提高对多元化知识的整合能力，虽然最初的跨技术领域知识整合面临巨大风险和不确定性，但随着知识整合经验的不断增加，跨技术领域知识整合有利于实现技术上的创造性飞跃，促进重大创新产生，为企业利用现有知识及整合创造突破式方法解决某一特定技术问题提供了更多可能性。

从图 3.8 中可以看出，不同年份的知识网络关系强度的中位数、下四分位点和上四分位点总体变化幅度较小。不同年份中上侧的须均较长，说明企业知识网络关系强度较高的离散值越来越多。另外，通过小提琴的外形可以看出，随着时间的推移，样本企业间关系强度的差异性更加明显，但知识网络关系强度处于较低水平的样本企业居多。在多种因素的作用下，知识元素间组合关系往往可以应用于不同情境中，知识组合的多场景应用有助于知识组合的效用最大化，为企业带来更大的经济效益。知识元素及其组合的丰富应用经验增加了企业对现有知识网络中知识组合重复应用的信念，而信念对知识利用方式具有重要影响。较高的知识网络关系强度容易使企业对其现有知识整合决策和经验具有更强的依赖性，可能会使企业陷入"能力陷阱"，忽略了对知识元素组合关系多样性或者新知识元素的挖掘，从而不利于企业长久发展。

3.3.2　知识网络聚集特征的演变

聚集特征是从整体网视角反映网络的聚集程度，可以较为全面地呈现出知识网络中知识元素间组合的配置情况，并在一定程度上反映出企业在相应知识及其组合应用上的优势程度。因为知识整合是一个不断试错的过程，需要投入较多成本以培养知识聚集，知识聚集意味着企业形成了适合自身发展的创新路径，企业对于知识聚集中的知识元素及其组合关系具有更深刻的认识，致力于使负责知识聚集开发和利用的研发人员之间通过长期成功的合作，形成更多的信任和默契，所以这种知识聚集往往是其他企业难以模仿的，可以带来竞争优势。聚集特征可以分为局部聚集和全局聚集。局部聚集是指局部知识元素间的聚集程度，反映了企业基于核心知识构建的创新路径的形成；全局聚集是指知识网络中所有知识元素的聚集程度，反映了企业基于全局资源利用的创新路径的形成。本研究利用加权聚集系数测度知识网络局部聚集程度，利用网络密度测度知识网络全局聚集程度，并通过 UCINET 软件计算企业的知识网络加权聚集系数和密度。

无论是局部知识聚集的形成还是全局知识聚集的形成，通常都需要企业形成可以优化知识整合的创新路径，因此，不同知识网络聚集程度反映了知识整合的创新路径发展情况。图 3.9 为不同阶段的样本企业知识网络聚集特征的演变情况。从图 3.9 中可以看出，样本企业在总体上形成了一定程度的局部知识聚集，虽然具有一定的波动性，但整体上都维持在 0.35 左右。这表明样本企业对基于优化知识整合的创新路径培养给予了一定程度的重视，并试图通过局部知识整合实现局部知识聚集，以促进特定技术领域内自主知识产权优势的培养，从而获取相应的技术优势和竞争优势。从图 3.9 中还可以看出，样本企业的知识网络全局聚集程度在总体上呈现上升趋势，但整体程度仍处于较低水平。虽然具有一定规模的知识存量，但受到全局知识整合的难度或者对全局知识组合配置带来的优势认识不足的影响，样本企业知识网络全局聚集程度不高，不同技术领域间知识整合的经验和能力还需要进一步提升。

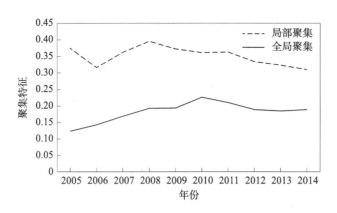

图 3.9　企业知识网络聚集特征变化曲线

　　图 3.10 和图 3.11 分别为企业知识网络局部聚集和全局聚集的小提琴图。从图 3.10 中可以看出，不同年份中知识网络局部聚集的中位数和上四分位点一直处于波动状态，下四分位点一直保持为 0。不同年份中上侧的须较长，说明企业局部知识聚集较高的离散值越来越多。另外，不同年份的小提琴外形表明具有较低知识网络局部聚集的样本企业仍占多数。局部知识聚集往往是在知识整合过程中不断试错后形成的，甚至难以被其他组织所模仿。对于知识网络局部聚集程度较低的企业来说，核心知识优势的缺乏反映出企业还没有对部分知识整合及组合配置形成一种相对技术优势，技术优势有助于企业的技术定位，不明晰的技术定位不利于创新活动的展开。对于我国汽车产业中的大多数企业来说，应注重局部知识聚集的培养，利用局部知识聚集的形成为企业带来相对知识优势，以推动基于核心知识构建路径的形成。但对于部分具有

较高知识网络局部聚集的企业来说，局部连通性较高的知识聚集意味着掌握这些知识元素的研究者高频率合作，可能导致企业陷入"技术轨迹陷阱"，降低研发人员获取新信息和改变行为方式的开放性，并且容易产生"集体盲目"现象，不利于企业的可持续发展。

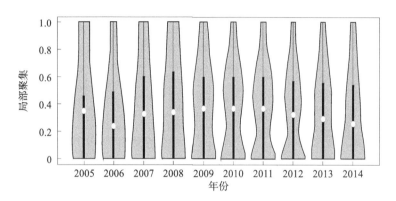

图 3.10　企业知识网络局部聚集的小提琴图

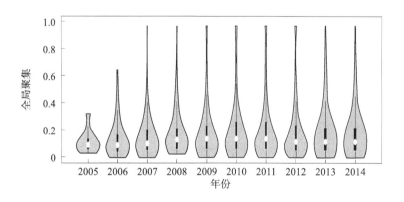

图 3.11　企业知识网络全局聚集的小提琴图

从图 3.11 中可以看出，不同年份中知识网络全局聚集的中位数和下四分位点较为稳定，上四分位点总体呈现上升的水平。不同年份中上侧的须较长，说明企业全局聚集较高的离散值越来越多。另外，不同年份的小提琴外形反映出具有较低知识网络全局聚集的样本企业一直占多数。作为一种重要战略资源，知识的获取都需要付出一定的代价，因此，如何充分利用已获取的各种知识，是企业获取更多收益的重要途径。对于知识网络全局聚集程度较低的大多数企业来说，知识元素及其组合在知识网络中分布较为稀疏，分散的知识元素及其组合意味着相关企业已经掌握了一定的知识存量，并积累了一定的知识元素组合和应用经验，然而这些企业可能还处于知识元素内容和组合机会探索的初期，并未对这些知识元素拥有更为全局的认识和理解。因此，企业应注重对知识网络中已有知识元素及其组合的深入认识和利用，以形成一条基于全局资源利用的创新路径，凭借自身在实现全局资源利用的过程中积累的经验，从知识网络中快速筛选出最佳知识元素以实现知识整合。

3.3.3　不同类别下的知识网络特征演变

1. 不同市场类型分类下的知识网络特征演变

企业市场类型的不同使其在资金、技术、政策等方面的优势程度也往往有所不同，因此，知识的利用和整合方式在很大程度上也会受到企业市场类型的影响，造成不同市场类型企业间知识网络关系特征的差异性。图 3.12 为不同市场类型下样本企业知识网络关系广度随时间的变化情况。从图 3.12 中可以看出，三种市场类型企业的知识网络关系广度差距不大，并且总体上均呈现上升趋势。图 3.13 为不同市场类型下样本企业知识网络关系强度随时间的变化情况。从图 3.13 中可以看出，三种市场类型企业的知识网络关系强度也在总体上呈现上升趋势。与知识网络关系广度相比，三种市场类型企业的知识网络关系强度在变化趋势上呈现较明显的差异性。对于国有企业来说，其知识网络关系强度从 2007 年开始一直维持在一个较为平稳的水平；对于其他市场类型企业来说，知识网络关系强度呈现较快的上升趋势；对于外资企业和我国港澳台企业来说，其知识网络关系强度波动较大。从不同市场类型下样本企业知识网络关系广度和关系强度演变趋势可以看出，不同市场类型的企业知识整合方式总体上差距较小，虽然国有企业在资金、政策上具有优势，而外资企业和我国港澳台企业在技术上具有较大优势，但其他类型企业如私营企业在国家政策的支持下及竞争激烈的国际市场驱动下，也意识到了不同技术领域中知识融合的重要性，试图通过多样化的技术领域知识整合促进创新绩效的提升，实现可持续发展。

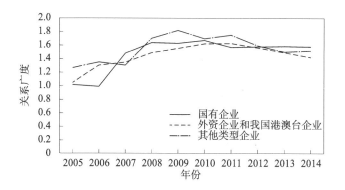

图3.12 不同市场类型下样本企业知识网络关系广度

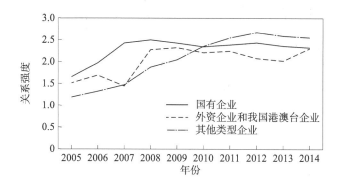

图3.13 不同市场类型下样本企业知识网络关系强度

鉴于不同市场类型企业间的差异性，本研究也关注了不同市场类型分类下知识网络局部聚集特征和全局聚集特征的演变情况。图 3.14 为不同市场类型下样本企业知识网络的局部聚集程度随时间的变化情况。从图 3.14 中可以看出，2005—2009 年，其他市场类型企业的知识网络局部聚集程度与国有企业、外资企业和我国港澳台企业的知识网络局部聚集程度的差距较大。随后，三种不同市场类型的样本企业知识网络局部聚集程度较为接近，说明样本企业对于局部知识组合配置能力的培养均给予了一定程度的重视。

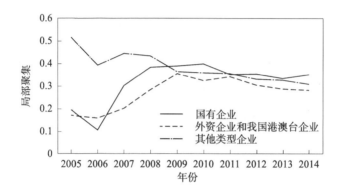

图 3.14　不同市场类型下样本企业知识网络局部聚集

图 3.15 为不同市场类型下样本企业知识网络全局聚集程度随时间的变化情况。从图 3.15 中可以看出，国有企业知识网络全局聚集程度偏低，并且相对较为稳定。结合其知识网络规模的变化可以看出，借助政策、资金等方面的支持，扩展知识网络规模的多元化战略已成为国有企业的发展重心，而不是关注不同技术领域间的全局知识组合配置。其他市场类型企业的知识网络全局聚集程度呈上升趋势，但与其知识网络规模大小相比，其他市场类型企业受到资金不足等方面的影响更倾向于在已有知识网络中进行全局知识组合配置，以便充分利用已掌握的知识，通过相应创新路径的构建提升竞争力。

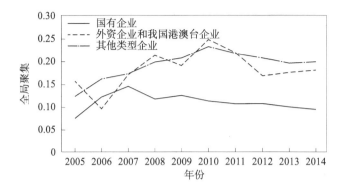

图 3.15　不同市场类型下样本企业知识网络全局聚集

从不同市场类型下样本企业的知识网络聚集特征演变情况及知识网络规模演变情况可以看出，虽然技术多元化战略已成为我国企业特别是国有企业、外资企业和我国港澳台企业的重要发展战略，但是忽视了基于技术多元化的知识组合配置能力的提升，不利于可以带来技术优势的创新路径的形成。

2. 不同经济区域分类下的关系特征演变

不同经济区域之间的制度存在差异，制度的不同影响资源配置，进而最终作用于知识利用和整合方式。图 3.16 为我国不同经济区域分类下样本企业知识网络关系广度随时间的变化情况。从图 3.16 中可以看出，位于东北部地区的样本企业在最初几年具有较高水平的关系广度，但随着时间的变化，其知识网络关系广度呈现下降的趋势，而位于其他三个经济区域的样本企业的知识网络关系广度呈现缓慢上升的趋势。图 3.17 为我国不同经济区域分类下样本企业知识网络关系强度随时间的变化情况。从图 3.17 中可以看出，位于东北部地区的样本企业在最初几年也具有较高水平的关系强度，但随着时间的变化，其关系强度呈现下降趋势，而位于其他三个经济区域的样本企业的知识网络关系强度均呈

现明显的上升趋势，并且位于东部地区的样本企业拥有的知识网络关系
强度水平最高。

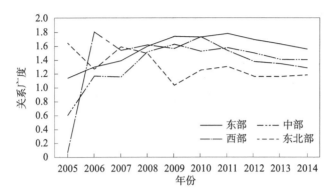

图 3.16　我国不同经济区域下样本企业知识网络关系广度

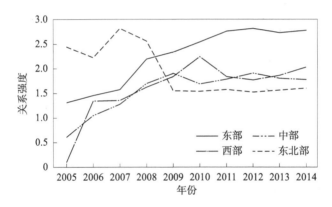

图 3.17　我国不同经济区域下样本企业知识网络关系强度

　　通过分析不同经济区域中样本企业的知识网络关系广度和关系强度可
以发现，我国经济发展战略布局为不同经济区域的汽车企业的快速发展提
供了契机，国家政策、资金的支持为企业实现跨技术领域知识整合以提升
自主创新能力提供了强大支撑，并且卓有成效。然而，需要指出的是，位
于东北老工业基地的相关汽车企业应该充分利用既有技术优势，积极推动
不同技术领域之间的知识融合，进而带动自主创新能力的快速提升。

　　图 3.18 展示了我国不同经济区域中样本企业知识网络局部聚集特

征的演变情况。从图 3.18 中可以看出，位于东部地区的样本企业知识网络局部聚集程度较为平稳，位于中部地区和西部地区的样本企业知识网络局部聚集程度呈现下降趋势。原因可能是：位于中部地区和西部地区的样本企业数量在逐年增加，而这些企业对知识组合的局部配置能力较低，使得位于这两个经济区域的样本企业知识网络局部聚集程度呈现下降趋势。在这四个经济区域中，位于东北部地区的样本企业知识网络局部聚集程度最低，并且波动较大。

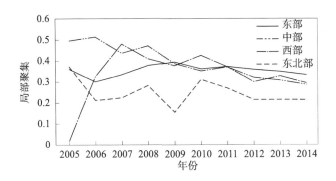

图 3.18　我国不同经济区域下样本企业知识网络局部聚集

图 3.19 为我国不同经济区域下样本企业知识网络全局聚集特征的演变情况。从图 3.19 中可以看出，位于东北部地区的样本企业知识网络全局聚集程度仍较低，但维持上升趋势；位于东部地区、中部地区的样本企业知识网络全局聚集程度也呈现上升趋势，并且位于东部地区的样本企业知识网络全局聚集程度较高；而位于西部地区的样本企业知识网络全局聚集程度波动非常大。在国家政策和资金的支持下，位于西部地区的样本企业从 2006 年开始，才有一家样本企业——重庆宗申技术开发研究有限公司（现更名为"重庆宗申创新技术研究院有限公司"），随后样本企业数量逐年增加，这些后起之秀通过多年技术积累形成了一定规模的知识网络，并具有较强的全局知识组合配置能力。因此，2006—2011 年，位于西部地区的样本企业知识网络全局聚集特征具有较

高的水平。

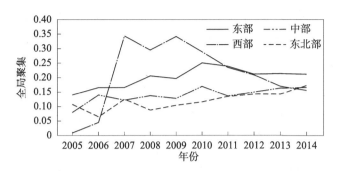

图 3.19　我国不同经济区域下样本企业知识网络全局聚集

从不同经济区域分类下样本企业知识网络局部聚集和全局聚集的演变情况可以看出，除东北部地区的企业外，我国汽车产业中位于不同经济区域的样本企业的知识网络局部配置水平在总体上较为接近。对于知识网络全局配置，位于东部地区的样本企业具有一定的优势；位于中部和西部地区，特别是东北部地区的相关企业，应加强对内部知识组合配置的重视，推动基于知识聚集的创新路径的形成和发展，进而培养技术优势，提升在汽车产业中的技术和市场地位。

3. 基于协作研发分类的知识网络特征演变

日益激烈的市场竞争迫使企业加速技术创新进程，然而技术创新的复杂性和不确定性使其独自完成创新活动变得愈发困难，通过建立多样化的合作关系实现与其他组织的知识互动，对于企业技术创新能力提升具有重要的促进作用。作为组织之间合作的一种重要形式，协作研发可以为企业带来全球化、多样化的外部资源，特别是异质性知识。本研究利用专利数据中的联合申请专利数据判断企业是否参与协作研发活动，并对样本企业进行分类。

图 3.20 为基于协作研发分类的企业知识网络关系特征演变情况。

从图 3.20（a）中可以看出，两种类型企业知识网络关系广度在 2011 年之前差距较大，未参与协作研发活动的企业在总体上拥有较高的知识网络关系广度。原因可能是：在观测期内，未参与协作研发活动的企业共有 679 家，其中外资企业和我国港澳台企业有 181 家，位于东部地区的企业有 429 家；参与协作研发活动的企业共有 282 家，其中外资企业和我国港澳台企业有 76 家，位于东部地区的企业有 186 家。外资企业和我国港澳台企业具有较大的技术优势，更容易获取国际创新资源，同时，在国家政策、资金的支持下，位于东部地区的企业在技术创新方面更具优势，从而使得这些企业即使不参与协作研发活动也可以拥有较高的知识整合能力。在图 3.20（a）中，参与协作研发活动的企业知识网络关系广度呈现上升趋势，而未参与协作研发活动的企业知识网络关系广度在后期呈现下降趋势，并且前者逐渐高于后者，由此可以看出，协作研发活动在企业拓展不同技术领域内知识整合能力过程中具有一定的促进作用。从图 3.20（b）中可以看出，参与协作研发活动的企业拥有较高的知识网络关系强度。根据不同研发决策下企业知识网络关系广度和关系强度演变趋势可以看出，除了知识本身的学习外，参与协作研发活动也有助于企业获取与知识整合和知识组合配置相关的技能、技巧，加深对现有知识内容的认识，以及挖掘到更多知识组合应用前景，从而为同一知识组合多场景应用提供更多思路。

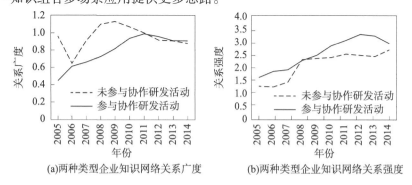

(a)两种类型企业知识网络关系广度　　　(b)两种类型企业知识网络关系强度

图 3.20　基于协作研发分类的企业知识网络关系特征变化曲线

图 3.21 为基于协作研发分类的企业知识网络聚集特征演变情况。在图 3.21（a）中，参与协作研发活动的企业拥有较高的知识网络局部聚集，但整体上呈现下降趋势。知识整合和知识组合配置需要付出一定成本和承担一定风险，局部知识聚集意味着企业拥有一定的技术优势，这可能使它们在协作研发活动中表现得更为积极。这类企业在合作中往往担任知识整合建议者的角色，以帮助合作伙伴技术创新能力的提升，从而促使企业所处的"创新生态系统"在技术竞争中脱颖而出，但也会使企业忽略自身对知识整合和知识组合配置技能、技巧的学习和强化。在图 3.21（b）中，两种类型企业的知识网络全局聚集均在总体上呈现上升趋势，但未参与协作研发活动的企业拥有较高的全局聚集。对于具有较高全局知识聚集的企业来说，其对不同技术领域中的知识元素拥有了较高水平的知识整合和知识组合配置能力，不需要通过参与协作研发活动从外部获取相关知识，从而避免由于合作关系带来的核心知识外溢，防止技术发展轨迹被竞争对手或潜在竞争对手模仿。

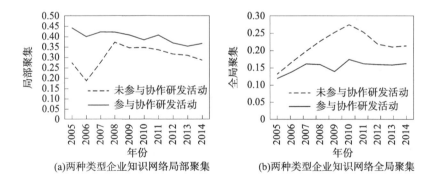

(a)两种类型企业知识网络局部聚集　　　(b)两种类型企业知识网络全局聚集

图 3.21　基于协作研发分类的企业知识网络聚集特征变化曲线

4. 基于技术标准制定分类的知识网络特征演变

技术优势有助于带来竞争优势，但并不一定能够保证在市场竞争中取胜。技术标准是企业获取相关产业领域市场主导权的必要条件，并已逐渐成为评判企业技术创新能力、市场竞争能力的重要标志。技术标准的形成要求企业在技术创新上不断地推陈出新，并不断地通过技术创新实现技术标准的升级换代。为了实现技术标准产业化，技术标准形成后的重要任务是实现技术标准的扩散，使更多企业向技术标准所倡导的技术规范转换，从而缩短产业技术选择进程，更强地塑造产业技术选择方向。因此，参与技术标准制定不仅意味着企业在相应技术领域具有一定技术实力，还为技术创新成果应用提供了更多机会和可能，在培养和提升知识整合和知识组合配置能力的过程中具有不可忽视的作用。本研究利用标准数据中起草单位信息判断企业是否参与标准制定，并对样本企业进行分类。

图3.22为基于技术标准制定分类的企业知识网络关系特征演变情况。在图3.22（a）中，参与技术标准制定的企业在总体上拥有较高的知识网络关系广度。在图3.22（b）中，参与技术标准制定的企业在2009年后拥有较高的知识网络关系强度。技术标准需要一系列技术成果作为支撑，技术标准扩散使得企业如何进一步利用已掌握的知识实现一系列创新成果完善，并将相关创新成果成体系地转化为标准成为重点。此时，对相关知识元素及其组合关系的较高熟悉程度有助于加速创新成果向标准的转化过程。随着技术标准的推广与扩散，相关创新成果的普及进一步增强了企业围绕现有知识网络实现一系列创新成果进一步拓展的信念。

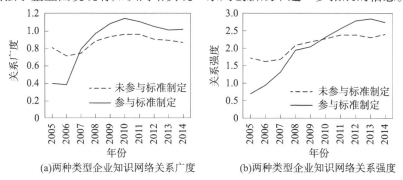

(a)两种类型企业知识网络关系广度　　　(b)两种类型企业知识网络关系强度

图3.22　基于技术标准制定分类的企业知识网络关系特征变化曲线

图 3.23 为基于技术标准制定分类的企业知识网络聚集特征演变情况。在图 3.23（a）中，未参与技术标准制定和参与技术标准制定的企业间知识网络局部聚集特征在前期差异较大，而在 2008 年以后两者之间的差异逐渐缩小。在图 3.23（b）中，未参与技术标准制定的企业拥有较高的知识网络全局聚集。在观测期内，未参与技术标准制定的企业有 833 家，其中企业平均年龄超过 19 年，外资企业和我国港澳台企业 215 家，国有企业 42 家；参与技术标准制定的企业有 129 家，其中企业平均年龄超过 21 年，外资企业和我国港澳台企业 43 家，国有企业 8 家。从两种类型企业的具体情况可以看出，参与技术标准制定的企业仍属于少数。虽然技术标准在企业技术创新路径形成和变革过程中具有重要的引导作用和桥梁作用，但技术标准作为一种技术管制和技术联系的工具，容易将企业的技术创新发展纳入标准轨道并锁定在某一特定技术范围内，从而使企业将知识组合配置局限于一定范围内，通过局部技术优势的强化提升企业在相应技术领域的影响力，但技术标准带来的这种技术范式锁定不利于基于全局知识组合配置的创新活动的开展。因此，与未参与技术标准制定的企业相比，参与技术标准制定的企业拥有较低的全局知识聚集。

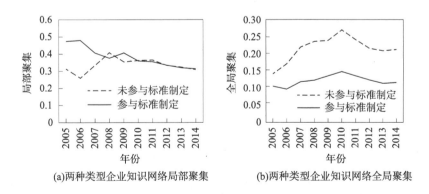

(a)两种类型企业知识网络局部聚集   (b)两种类型企业知识网络全局聚集

图 3.23 基于技术标准制定分类的企业知识网络聚集特征变化曲线

第 **4** 章　知识网络对企业二元式
创新绩效的影响研究

4.1　理论分析与研究假设

4.1.1　知识网络关系特征对二元式创新绩效的影响

通过汽车产业中样本企业的知识网络关系特征演化过程可以发现：知识网络关系广度和关系强度会随着多种因素如时间、所处外部环境的变化而发生变化。如前所述，知识网络关系广度和关系强度在一定程度上反映出知识元素间的组合机会和潜在可能性，可能影响企业的二元式创新绩效。熊彼特于 1939 年指出创新就是以一种新的方式实现不同要素的组合并将新组合予以应用的过程。在知识基础理论中，企业知识网络中知识元素的整合情况通常受到知识元素性质、现有整合状态以及对知识元素及其整合关系的利用方式的影响，知识作为一种重要的战略资源，企业需要围绕知识构建两种能力。第一种能力是基于知识元素间多样化组合关系的挖掘，第二种能力是基于知识元素组合关系的应用场景多样化的挖掘，这两种能力是企业知识整合能力的重要组成部分。具体地，第一种能力关注知识元素的组合机会和潜在可能性，第二种能力关注知识元素组合关系的应用机会和潜在可能性。在社会网络分析中，关系广度关注的是连接广度即关系的多少，而关系强度关注的是连接强度即关系的强弱；在知识网络中，关系广度关注的是知识元素在已有知识存量中的连接广度，关系强度关注的是知识元素在已有知识存量中的连接强度。

知识网络关系广度反映的是企业对知识元素多样化组合关系的挖掘程度。当企业知识网络中知识元素拥有的直接连接数量较少即关系广度较低时，可能意味着在知识本质的作用下，相关知识元素与知识网络中现有其他知识元素的组合机会和潜在可能性较少，与其花费时间和资金从现有知识存量中挖掘较少的既有组合机会，不如将资金和时间投入到新知识的搜索和获取，在扩大知识存量实现知识多元化的同时，还可以通过中介知识元素的引入为现有知识元素间的组合提供更多整合思路。知识元素具有可检索结构特征，当企业对知识元素与其他已有知识元素间组合关系了解程度较低时，可以借助该特征对与已有知识元素相关联的新知识进行探索，这不仅可以使得企业以更低的成本和风险进行新知识的搜索，还可以加速新知识元素的吸收和利用，从而加速新知识的整合过程，促进探索式创新绩效的提升。在知识网络关系广度较低时，由于围绕相关知识元素的组合机会和潜在可能性较少，所以企业具有较低水平的利用式创新绩效。

随着知识网络中知识元素的直接连接数量即关系广度的增加，企业对相关知识元素与不同技术领域中知识元素间的组合关系挖掘和应用积累了一定的经验，这些成功的经验使得企业对相关知识元素内容有了更深刻的认识；同时，在实现相关知识元素的多样化组合关系挖掘的过程中，企业也积累了相关的整合经验，这种更深刻的认识和丰富的整合经验增强了企业对相关知识元素组合关系进一步挖掘的信念，信念对知识利用方式具有重要影响。在知识组合关系的挖掘过程中，企业面临两种创新决策，即利用式创新和探索式创新。在资源稀缺性的约束下，企业可能需要根据所面临环境的不同在两种技术创新活动中进行权衡。与新知识探索相比，围绕现有知识元素开展的利用式创新活动可以使得企业面临更低的成本和风险，并可以在短期内获取更多经济效益，从而使得企业受益于已有知识利用带来的好处。因此，知识网络中知识元素关系广度的提高促使企业进行更多的利用式创新，但探索式创新绩效有所降低。

然而，当知识网络中知识元素直接连接数量即关系广度过高时，相关知识元素拥有的组合机会和潜在可能性也会越来越少，因为知识元素的有价值整合总是有限的，当知识元素的直接连接数量超过其上限后，围绕该知识元素的利用式和探索式创新都会受到约束。因此，知识元素过高的关系广度对企业利用式创新和探索式创新绩效均具有抑制作用。由此可得：

假设 1a：企业知识网络关系广度与利用式创新绩效呈倒 U 形关系。

假设 1b：企业知识网络关系广度负向影响探索式创新绩效。

知识网络关系强度反映的是企业对相关知识元素及其组合关系的重复利用情况。在多种因素的作用下，知识元素间的组合关系往往可以应用于不同情境中，故不同知识元素间的组合关系通常具有不同的关系强度。当知识网络中知识元素拥有的关系强度较低时，企业对相关组合关系挖掘到的应用场景较少。可能的原因是，对知识组合应用机会和潜在可能性挖掘能力的不足，或者是知识组合的多样化应用前景具有较高的不确定性，然而知识组合的多场景应用有助于知识组合的效用最大化，为企业带来更多的经济效益，因此较少的知识组合应用机会和潜在可能性促使企业借助知识可检索结构特征进行更多的新知识探索，通过新知识的引入实现更多知识组合应用机会和潜在可能性的挖掘。同时，带来知识网络关系强度较低的原因也可能是探索知识组合应用机会和潜在可能性不是企业关注的重点，而是试图通过知识多元化或知识组合多样化战略提升企业动态能力，此时企业倾向于进行更多的探索式创新。因此，低水平的知识网络关系强度促进探索式创新活动的开展，但资源的约束使得利用式创新活动有所减少。

随着知识网络中知识元素关系强度的提高，企业实现了对知识元素及其组合关系的重复利用。也就是说，企业实现了同一知识组合的多样化场景应用，这不仅有助于利用式创新绩效的快速提升，还实现了知识组合的效用最大化，帮助企业在短期内获取更高经济效益。对于知识元素及其组合的丰富应用经验增加了企业对现有知识网络中知识组合重复应用的信念，而信念对知识利用方式具有重要影响。因此，知识网络关系强度提升有助于利用式创新绩效的增加。利用现有知识组合开发新应用、解决新问题不仅可以提高知识组合的实用性，还可以降低技术创新过程中的不确定性，为企业带来更多的经济利益。相比之下，探索新知识元素需要经历获取、吸收、转化等复杂过程，并且面临巨大研发投入和较大风险以学习新知识元素的内容，探讨其可能的组合机会。因此，知识网络关系强度的提升抑制了探索式创新绩效。由此可得：

假设 2a：企业知识网络关系强度正向影响利用式创新绩效。

假设 2b：企业知识网络关系强度负向影响探索式创新绩效。

根据上述提出的研究假设，构建概念模型如图 4.1 所示。

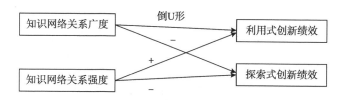

图 4.1　概念模型

4.1.2　知识网络聚集特征对二元式创新绩效的影响

通过汽车产业中样本企业的知识网络聚集特征演化过程可以发现：企业知识网络局部聚集和全局聚集也会随着多种因素如时间、所处外部环境的变化而产生变化。知识网络聚集特征在一定程度上反映了企业知识整合的创新轨迹。既定的创新轨迹通常会对企业产生技术锁定效应，技术锁定是某一系统中的一种特定均衡，打破这种均衡通常需要付出巨大的成本，如果相关主体不能承担相应的成本，则就只能沿着已有技术轨迹继续以前的决策，这就导致了该主体被锁定在当前的均衡状态中。这种技术锁定效应也存在于技术创新过程中，企业对技术创新的路径依赖就是一种锁定效应，在路径依赖的作用下，企业创新决策在一定程度上也取决于已有知识整合情况。

知识网络局部聚集反映了知识网络中局部连通性特征，这种局部知识聚集往往是在知识整合过程中不断试错后形成的，甚至难以被其他组织所模仿，因此局部知识聚集的形成为企业带来了相对知识优势，反映了企业基于核心知识构建的创新路径的形成。对于局部连通性较低即知识网络局部聚集程度较低的企业来说，其并未在知识网络中形成具有关系连接紧密的局部知识聚集，而这种局部聚集带来的知识优势在一定程度上反映了企业在相应领域的技术实力，并且这种局部知识聚集优势对于探索式和利用式创新绩效的提升具有不可忽视的重要作用。因此，对于知识网络局部聚集程度较低的企业来说，核心知识优势的缺乏反映出企业还没有对部分知识整合及组合配置形成一种相对技术优势。技术优势有助于企业的技术定位，不明晰的技术定位不利于创新活动的展开。因此，当知识网络局部聚集程度较低时，利用式创新绩效和探索式创新绩效均处于较低的水平。

　　随着知识网络局部聚集程度的增加，基于核心知识构建的创新路径正逐渐形成。一方面，企业需要借助已有的知识优势在知识网络中进一步寻求现有知识元素组合机会和潜在可能性以提升创新效率、增加收益；另一方面，虽然局部知识聚集可能带来竞争优势，但竞争愈发激烈的市场环境推动技术迅猛发展，技术多元化已成为企业强化技术优势、促进持续发展的重要战略。因此，企业需要探索和学习新知识以扩展自身的知识存量，并通过新知识的获取强化已有的知识优势，实现企业的可持续发展。同时，知识网络中的局部知识聚集为企业进行跨领域知识整合带来了更多的组合经验和更强的拓展信念，进而增加了企业搜索新知识并将其进行组合和应用的信心。因此，当知识网络局部聚集程度提高时，企业的利用式创新绩效和探索式创新绩效也会随之增加。

　　然而，当知识网络局部聚集上升到一定程度时，高水平局部知识聚集意味着知识网络局部连通性较高，不利于企业利用式创新绩效和探索式创新绩效的提升。首先，较高程度的局部知识聚集意味着企业已投入大量资源探索和应用这些重要知识元素及其组合，与科研团队类似，企业对于这些知识聚集有着更高的期望，希望通过知识聚集的充分利用获取更多收益，从而忽视了新知识的学习，抑制了探索式创新绩效的提升。其次，局部连通性较高的知识聚集意味着掌握这些知识元素的研究者高频率合作，可能导致企业陷入"技术轨迹陷阱"，降低研发人员获取新信息和改变行为方式的开放性，并且容易产生"集体盲目"现象，然而较高的局部知识聚集可提供的知识元素组合机会和潜在可能性大大降低，不利于企业利用式创新绩效的提升。由此可得：

　　假设 3a：企业知识网络局部聚集与利用式创新绩效呈倒 U 形关系。

　　假设 3b：企业知识网络局部聚集与探索式创新绩效呈倒 U 形关系。

　　知识网络全局聚集描述了知识网络中所有知识元素间的关联紧密程度，可以更为有效地从整体视角体现知识网络中知识元素之间的整合情况。全局知识聚集反映了企业基于全局资源利用的创新路径的形成。作为一种重要战略资源，知识的获取都需要付出一定的代价，因此如何充分利用已获取的各种知识，是企业获取更多收益的重要途径。当知识网络全局聚集程度较低时，知识元素及其组合在企业知识网络中分布较为稀疏，分散的知识元素及其组合意味着相关企业已经掌握了一定的知识存量，并积累了一定的知识元素组合和应用经验，然而这些企业可能还处于知识元素内容以及组合机会探索的初期，并未对这些知识元素有着更为全局的认识和理解，此时无论对于新知识的学习还是现有知识的利用都需要花费一定的时间和精力。因此，知识网络全局聚集较低的企业具有较低的利用式创新绩效和探索式创新绩效。

随着知识网络全局聚集程度的提升，企业逐渐形成了一条基于全局资源利用的创新路径，这种发展轨迹使得企业对知识网络中已有知识元素及其组合有着更多的体会和更深刻的认识。对已有知识元素间整合关系的深入挖掘有助于提升创新成果的实用性从而降低企业面临的不确定性，并有助于短期收益的提高；同时，为了在复杂多变的技术环境中长久生存，通过技术多元化战略提升创新效率，扩展技术范围，也是企业持续发展的必由之路。此时，对于知识网络全局聚集程度较高的企业来说，无论是新知识的学习还是现有知识的利用，企业都可以凭借自身在实现全局资源利用的过程中积累的经验，从知识网络中快速筛选出最佳知识元素来实现知识整合和知识组合配置，从而更高效地实现利用式创新和探索式创新。因此，企业知识网络全局聚集程度的提升对于利用式创新绩效和探索式创新绩效均具有促进作用。

然而，当知识网络全局聚集提升到一定程度时，较高的全局知识组合配置意味着企业中掌握相关技术的研发人员通过以往合作已经在企业范围内培养了彼此间的信任和默契，他们可能产生惯性行为而不愿意跨越企业边界在外部环境中搜索和获取新知识，并且较高的知识网络全局聚集程度意味着相关企业具有较为完善和全面的技术系统,此时企业容易产生路径依赖,这种既定的技术轨迹阻碍了企业新知识的探索和学习,进而最终抑制了企业探索式创新绩效的提升。由此可得:

假设 4a:企业知识网络全局聚集正向影响利用式创新绩效。

假设 4b:企业知识网络全局聚集与探索式创新绩效呈倒 U 形关系。

根据上述提出的研究假设,构建概念模型如图 4.2 所示。

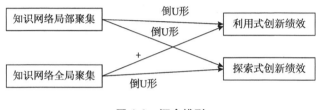

图 4.2 概念模型

4.2 实证研究设计

4.2.1 样本选取与数据收集

本研究涉及专利数据、企业性质数据和区域特征数据。其中,专利数据用来构建企业知识网络以及其他与知识特征相关的控制变量,企业性质数据用来测度与企业特征相关的控制变量,区域特征数据用来测度企业所在区域层面的控制变量。

作为我国十大重点产业之一,汽车产业在过去 30 年间经历了巨大的技术和市场变革,为了适应新一轮技术创新并取得巨大突破,我国汽车产业具有技术密集型和资金密集型特点。随着知识产权保护意识不断增强,申请专利已成为我国企业尤其是企业创新活动的重要表现形式,本研究从我国重点产业专利信息服务平台获取了中国汽车产业 2001—

2014 年的专利数据。由于需要利用专利分类号构建企业知识网络，因此只保留了发明专利和实用新型专利，并且入选样本企业需满足在观测期中连续五年申请并获取了相关专利，以保证样本企业符合技术密集型的特征。不同的前四位 IPC 分类号代表不同技术类别的知识元素，知识元素代表知识网络中的节点，如果两个不同技术类别的知识元素出现在同一专利中，则两个知识元素之间存在一条连接，为了保证样本企业知识网络至少含有两个节点，选取的样本企业知识网络至少包含两种技术类别。

4.2.2　变量及其测度

1. 因变量的测度

基于专利数据测度利用式和探索式创新绩效的方法通常利用专利引用或者专利分类号两种客观数据，由于目前我国公开的专利数据中无法获取专利引用信息，本研究采用基于专利分类号的方法测度利用式和探索式创新绩效。借鉴以往研究，利用专利数据中国际分类号 IPC 的技术分类代码中前四位判断专利所属技术类别，以 $t-a$ 年到 $t-1$ 年的企业专利所属技术类别为基础，在第 t 年未出现新技术类别的专利数量测度利用式创新绩效，出现新技术类别的专利数量测度探索式创新绩效，其中 $a \geq 5$ 并且 $t-a$ 年为企业出现专利的第一年。

2. 自变量的测度

自变量测度都是在知识网络基础上计算出来的，知识网络具体构建过程已在 3.2 节中进行了详细介绍，本小节不再赘述。

（1）关系特征。关系广度和关系强度是从单个知识元素角度出发，利用知识网络直接计算出来的某个知识元素的关系广度和关系强度。借鉴已有研究，通过计算所有知识元素的平均关系广度和平均关系强度衡量知识网络的关系广度和关系强度。

①知识网络关系广度。企业 i 在 $t-a$ 年到 $t-1$ 年期间知识网络中知识元素个数为 n_i，对于任意一个知识元素 j，与其存在直接连接的知识元素数量为 d_j，于是得到企业 i 在 $t-a$ 年到 $t-1$ 年期间知识网络关系广度为

$$知识网络关系广度 = \frac{\sum_j d_j}{n_i}$$

②知识网络关系强度。知识网络关系强度关注的是知识组合再利用情况，知识组合的重复利用有助于降低技术创新过程中的风险和不确定性。知识网络关系强度的计算公式为

$$知识网络关系强度 = \frac{\sum_j t_j}{n_i}$$

式中，t_j 为企业 i 在 $t-a$ 年到 $t-1$ 年期间知识网络中知识元素 j 拥有的与其直接相连的知识元素的连接强度；n_i 为企业 i 在 $t-a$ 年到 $t-1$ 年期间拥有的知识元素数量。

（2）聚集特征。聚集特征是从整体网角度反映网络的聚集程度，可以分为局部聚集程度和全局聚集程度。

①知识网络局部聚集。知识网络聚集系数反映知识网络中知识元素的局部聚集程度，利用加权聚集系数测度知识网络局部聚集程度，并利用 UCINET 软件计算了企业 i 在 $t-a$ 年到 $t-1$ 年期间知识网络的加权聚集系数。

②知识网络全局聚集。知识网络密度是社会网络分析中整体网指标使用最广泛的测度方法之一，它描述了一个网络中各个节点间关联的紧密程度，可以反映知识网络的全局聚集特征。在一个具有 n 个节点的无

向图中，可能存在最多的连接数目为 $\dfrac{n(n-1)}{2}$，而网络中实际的连接数目为 m，则该知识网络的密度为 $\dfrac{m}{\dfrac{n(n-1)}{2}}$。当知识网络密度为 1 时，知识网络中所有知识元素之间存在连接；当知识网络密度为 0 时，知识网络中所有知识元素之间无连接。利用 UCINET 软件计算了企业 i 在 $t-a$ 年到 $t-1$ 年期间的知识网络密度来测度知识网络全局聚集。

3. 控制变量的测度

为了尽量减少替代解释和隔离解释变量的边际效应，引入企业层面的知识控制变量：知识存量、知识多元化、知识深度、知识互补性、知识替代性、知识认知距离、技术复杂性；企业特征的相关控制变量：企业年龄、企业市场类型、是否为集团企业；企业所在经济区域的相关控制变量：市场化指数、区域技术市场成交额和区域 GDP。

（1）知识存量。知识存量也就是知识网络规模，一方面，知识存量越大表示企业拥有的技术类别越多，从而表明企业专利涉及的技术领域也越多。另一方面，网络密度的定义也受到网络规模的影响，因此需要对企业知识存量加以控制。本研究利用企业 i 在 $t-a$ 年到 $t-1$ 年期间知识网络中技术类别数量测度知识存量，并将知识存量对数作为控制变量纳入回归分析中。

（2）知识多元化。知识多元化程度越高，企业涉的技术领域就越多，多样化知识基础为知识元素整合提供了更多可能性，进而最终影响利用式和探索式创新绩效，采用熵指数测度知识多元化：

$$知识多元化 = \sum_{j=1}^{n_i} PS_j \times \ln \frac{1}{PS_j}$$

式中，$PS_j = P_j/P$；j 表示企业 i 在 $t-a$ 年到 $t-1$ 年期间知识网络中

一种技术类别；n_i 表示企业 i 在 $t-a$ 年到 $t-1$ 年期间专利涉及的所有技术类别；P_j 代表企业 i 在 $t-a$ 年到 $t-1$ 年期间所有专利中包含技术类别 j 的专利数量；P 代表企业 i 在 $t-a$ 年到 $t-1$ 年期间拥有的专利总数。

（3）知识深度。知识深度反映出对已掌握技术的熟悉程度，企业在相应技术领域获取的创新成果越多，越有可能在相应技术领域获取专有技术，从而对该技术领域知识越熟悉。借鉴已有研究，第一步计算了技术比较优势值，计算公式为

$$RTA_{ik} = \left(\frac{P_{ik}}{\sum\limits_k P_{ik}}\right) \bigg/ \left(\frac{\sum\limits_i P_{ik}}{\sum\limits_{ik} P_{ik}}\right)$$

式中，P_{ik} 表示企业 i 在 $t-a$ 年到 $t-1$ 年期间包含技术类别 k 的专利数；$\sum\limits_i P_{ik}$ 表示所有企业在 $t-a$ 年到 $t-1$ 年期间包含技术类别 k 的专利总数；$\sum\limits_k P_{ik}$ 表示企业 i 在 $t-a$ 年到 $t-1$ 年期间所有技术类别对应的专利的总和；$\sum\limits_{ik} P_{ik}$ 表示所有企业在 $t-a$ 年到 $t-1$ 年期间所有技术类别对应的专利的总和。

第二步基于 RTA 值计算知识深度，计算公式为

$$知识深度 = \frac{\sigma_{RTA}}{\mu_{RTA}}$$

式中，σ_{RTA} 为企业 i 所有 RTA 值均值；μ_{RTA} 为标准差。

（4）知识互补性。两个知识元素之间的互补性越强，它们的组合越有可能被重复利用。设 O_k 表示企业 i 在 $t-a$ 年到 $t-1$ 年期间包含技术类别 k 的专利数量，O_l 表示企业 i 在 $t-a$ 年到 $t-1$ 年期间包含技术类别 l 的专利数量，J_{kl} 为企业 i 在 $t-a$ 年到 $t-1$ 年期间同时包含技术类别 k 和技术类别 l 的专利数量，P 为企业 i 在 $t-a$ 年到 $t-1$ 年期间的所有专利数量，于是得到：

$$\mu_{kl} = E(X_{kl} = x) = \frac{O_k O_l}{P}$$

$$\sigma_{kl}^2 = \mu_{kl}\left(\frac{P - O_k}{P}\right)\left(\frac{P - O_l}{P - 1}\right)$$

则技术类别 k 和技术类别 l 的互补性为

$$\tau_{kl} = \frac{J_{kl} - \mu_{kl}}{\sigma_{kl}}$$

根据公式 $\tau'_{kl} = \frac{\tau_{kl} - \min\tau_{kl}}{\max\tau_{kl} - \min\tau_{kl}}$，将计算出的 τ_{kl} 值进行标准化，则企

业层面的知识互补性为

$$知识互补性 = \sum_k\left(\frac{P_k}{\sum_k P_k} \times \frac{\sum_{l \neq k} \tau'_{kl} P_l}{\sum_{l \neq k} P_l}\right)$$

式中，P_k 为企业 i 在 $t - a$ 年到 $t - 1$ 年期间包含技术类别 k 的专利数量；P_l 为企业 i 在 $t - a$ 年到 $t - 1$ 年期间包含技术类别 l 的专利数量。

（5）知识替代性。知识元素间相似性越高，它们之间的替代性就越高，知识替代性对探索式创新绩效具有影响。设企业 i 在 $t - a$ 年到 $t - 1$ 年期间技术类别数量为 N，C_{kn} 代表技术类别 k 和其他 n 个技术类别同时出现在同一专利中的频数，C_{ln} 代表技术类别 l 和其他 n 个技术类别同时出现在同一专利中的频数。因此，技术类别 k 和 l 的相似性 S_{kl} 的计算公式为

$$S_{kl} = \frac{\sum_{n=1}^{N} C_{kn} C_{ln}}{\sqrt{\sum_{n=1}^{N} C_{kn}^2}\sqrt{\sum_{n=1}^{N} C_{ln}^2}}$$

则企业层面的知识替代性为

$$知识替代性 = \sum_k\left(\frac{P_k}{\sum_k P_k} \times \frac{\sum_{l \neq k} S_{kl} P_l}{\sum_{l \neq k} P_l}\right)$$

式中，P_k 为企业 i 在 $t - a$ 年到 $t - 1$ 年期间包含技术类别 k 的专利数量；P_l 为企业 i 在 $t - a$ 年到 $t - 1$ 年期间包含技术类别 l 的专利数量。

（6）知识认知距离。知识认知距离可以衡量知识元素间的非相似性

程度。根据知识元素间的相似性计算公式可得技术类别 k 和 l 的认知距离 d_{kl} 的计算公式为

$$d_{kl} = 1 - \frac{\sum_{n=1}^{N} C_{kn} C_{ln}}{\sqrt{\sum_{n=1}^{N} C_{kn}^2} \sqrt{\sum_{n=1}^{N} C_{ln}^2}}$$

则企业层面的认知距离为

$$认知距离 = \sum_{k} \left(\frac{P_k}{\sum_{k} P_k} \times \frac{\sum_{l \neq k} d_{kl} P_l}{\sum_{l \neq k} P_l} \right)$$

式中，P_k 为企业 i 在 $t-a$ 年到 $t-1$ 年期间包含技术类别 k 的专利数量；P_l 为企业 i 在 $t-a$ 年到 $t-1$ 年期间包含技术类别 l 的专利数量。

（7）技术复杂性。技术复杂性是从产业层面反映企业所处的技术环境。较低的技术复杂性使得企业在探索知识组合关系时面临较小的不确定性，而较高的技术复杂性则使得企业在探索知识组合关系时面临较高的不确定性。不同程度的不确定性使得企业在技术创新过程中做出不同的创新决策，因此本研究将技术复杂性作为控制变量纳入回归分析中。技术复杂性的计算公式为

$$技术复杂性 = \sum_{j} \frac{C_j}{P_j} \times \frac{d_{ij}}{n_i}$$

式中，$\frac{C_j}{P_j}$ 是利用所有样本企业数据在 $t-a$ 年到 $t-1$ 年期间构建的指标，对于某一企业来说是外生变量；C_j 为所有样本企业在 $t-a$ 年到 $t-1$ 年期间专利中与技术类别 j 同时出现的分类号数量；P_j 为所有样本企业在 $t-a$ 年到 $t-1$ 年期间专利中包含技术类别 j 的数量；$\frac{d_{ij}}{n_i}$ 是基于企业 i 的专利数据进行计算的，d_{ij} 为企业 i 在 $t-a$ 年到 $t-1$ 年期间包含技术类别 j 的专利数量，n_i 为企业 i 在 $t-a$ 年到 $t-1$ 年期间的专利总数。

（8）企业年龄。成立时间较长的企业往往在多技术领域已经拥有了

一定的知识存量，对知识整合和知识组合配置具有更丰富的经验。由于探索式创新过程中涉及的巨大风险，年龄越大的企业越倾向于利用已有技术能力的利用式创新。本研究将企业成立时间到观测期的时间作为企业年龄，并将企业年龄作为控制变量纳入回归分析中。

（9）企业市场类型。市场类型决定了企业在资金、技术、政策等方面的优势程度，在一定程度上影响了企业技术创新绩效。国有企业可能得到更多的资金、政策支持，而外资企业和我国港澳台企业可能得到更多的技术支持。由此，本研究引入两个虚拟控制变量，即是否为国有企业及外资企业和我国港澳台企业。

（10）集团企业。在比较制度分析中，企业集团在促进关联企业创新方面发挥着不可或缺的作用，特别是在新兴经济体中。因此，引入集团企业的虚拟控制变量，当企业为集团企业时，变量值为1，否则为0。

（11）市场化指数。不同经济区域间的制度存在差异，制度不同影响企业资源配置，进而最终影响技术创新绩效。省份层面的市场化指数反映了相应区域的制度情况和市场化的进展状况。市场化指数主要包括政府与市场关系、非国有经济的发展、产品市场的发育程度、要素市场的发育程度与市场中介组织的发育和法律制度环境五个方面。市场化指数已经被越来越多的学者所使用。

（12）区域技术市场成交额。内部研发活动与技术市场交易都是提升企业技术水平的重要途径，技术市场不仅为技术转让提供了途径，还能够促进技术创新的开展。因此，本研究将企业所在经济区域的技术市场成交额对数作为控制变量纳入回归分析中。

（13）区域GDP。位于经济水平较高区域的企业研发活动通常更为活跃，在经济发达地区中技术竞争也较为激烈，使得企业进行更多的创新活动。因此，本研究将企业所在经济区域的GDP对数作为控制变量纳入回归分析中。

4.2.3　模型选择

本研究中的因变量"利用式创新绩效和探索式创新绩效"均为非负整数，且方差远远大于均值，为了避免样本数据存在过度分散问题，选择负二项回归方法分析数据，并对每个模型进行了 Hausman 检验，均强烈拒绝原假设，故使用了固定效应模型。

4.3　实证结果与分析

4.3.1　关系特征对二元式创新绩效影响的实证研究

1. 描述性统计分析

表 4.1 为各关系特征的变量描述性统计及相关系数，各变量之间的相关系数均不高于 0.70，且各变量的方差膨胀因子 VIF 系数低于 4.00，平均 VIF 系数为 1.67，说明变量之间不存在共线性问题，可纳入回归方程进行回归分析。

表 4.1　关系特征的变量描述性统计及相关系数

变量	1	2	3	4	5	6	7	8	9	10	11
1 利用式创新绩效	1.00										
2 探索式创新绩效	0.68	1.00									
3 知识多元化	0.27	0.37	1.00								
4 知识深度	-0.06	0.01	0.35	1.00							
5 知识互补性	-0.18	-0.14	-0.05	-0.07	1.00						
6 知识替代性	0.08	0.03	0.17	-0.01	0.00	1.00					

续表

变量	1	2	3	4	5	6	7	8	9	10	11
7 企业年龄	− 0.06	− 0.03	0.09	0.01	− 0.09	0.09	1.00				
8 集团企业	0.04	0.00	0.11	0.08	0.00	− 0.03	0.18	1.00			
9 市场化指数	− 0.04	− 0.08	0.04	0.08	− 0.05	0.00	0.04	− 0.01	1.00		
10 关系广度	0.39	0.25	0.40	0.02	− 0.15	0.63	0.07	− 0.02	0.00	1.00	
11 关系强度	0.23	0.12	0.15	− 0.06	0.00	0.48	0.02	− 0.05	− 0.02	0.67	1.00
Mean	35.96	3.66	2.59	1.55	0.30	0.25	15.32	0.18	7.76	1.71	2.58
SD	159.95	6.54	1.08	0.65	0.17	0.24	6.44	0.38	1.55	1.04	3.46
VIF	2.20	2.10	1.64	1.20	1.10	1.78	1.07	1.06	1.02	3.27	1.94

注：当相关系数的绝对值大于 0.05 时，$p < 0.1$。

2. 实证结果分析

根据企业知识网络关系特征对二元式创新绩效影响的研究假设，共建立六个回归模型，回归结果见表 4.2。

表 4.2　关系特征的实证结果

变量	利用式创新绩效			探索式创新绩效		
	模型 4.1	模型 4.2	模型 4.3	模型 4.4	模型 4.5	模型 4.6
知识多元化	0.155 ***	0.090 *	0.130 **	− 0.108	− 0.012	− 0.030
	(0.053)	(0.060)	(0.056)	(0.079)	(0.089)	(0.082)
知识深度	0.070	0.062	0.077	− 0.061	− 0.090	− 0.092
	(0.063)	(0.063)	(0.063)	(0.085)	(0.087)	(0.086)
知识互补性	− 0.880 ***	− 0.759 ***	− 0.866 ***	− 0.608 *	− 0.823 **	− 0.662 **
	(0.261)	(0.270)	(0.260)	(0.318)	(0.338)	(0.325)
知识替代性	0.360 *	0.019	0.269	− 0.026	0.284	0.193
	(0.206)	(0.255)	(0.215)	(0.298)	(0.324)	(0.305)
企业年龄	− 0.015	− 0.033	− 0.021	− 0.174 ***	− 0.186 ***	− 0.181 ***
	(0.043)	(0.043)	(0.043)	(0.066)	(0.067)	(0.067)
集团企业	− 0.274 *	− 0.215	− 0.274 *	0.003	0.048	0.029
	(0.183)	(0.186)	(0.181)	(0.229)	(0.238)	(0.237)

续表

变量	利用式创新绩效			探索式创新绩效		
	模型 4.1	模型 4.2	模型 4.3	模型 4.4	模型 4.5	模型 4.6
市场化指数	0.030 *	0.031 *	0.030 *	− 0.011	− 0.014	− 0.014
	(0.016)	(0.016)	(0.016)	(0.021)	(0.021)	(0.021)
关系广度		0.244 ***		− 0.140 **		
		(0.091)		(0.065)		
关系广度的二次项		− 0.051 **				
		(0.021)				
关系强度			0.059 *		− 0.140 **	
			(0.036)		(0.056)	
常数项	0.077	0.301	0.148	1.292 ***	1.111 ***	1.113 ***
	(0.229)	(0.242)	(0.234)	(0.326)	(0.331)	(0.327)
Wald chi2	40.02	47.78	43.50	17.31	22.14	23.08
观测值	1112	1112	1112	1042	1042	1042
企业数量	253	253	253	232	232	232

注：括号中是标准误差；* 表示 $p < 0.1$，** 表示 $p < 0.05$，*** 表示 $p < 0.01$。

在回归中，模型 4.1 ~ 模型 4.3 研究了知识网络关系特征（关系广度和关系强度）对企业利用式创新绩效的影响。其中，模型 4.1 仅包括控制变量，模型 4.2 和模型 4.3 分别在模型 4.1 的基础上引入知识网络关系广度和关系强度。实证研究结果表明，知识网络关系广度对利用式创新绩效影响的二次项系数为负且显著（$\beta = -0.051$，$p < 0.05$），知识网络关系强度对利用式创新绩效影响的系数为正且显著（$\beta = 0.059$，$p < 0.1$），假设 1a 和假设 2a 得到支持。

模型 4.4 ~ 模型 4.6 研究了知识网络关系特征（关系广度和关系强度）对企业探索式创新绩效的影响。其中，模型 4.4 仅包括控制变量，模型 4.5 和模型 4.6 分别在模型 4.4 的基础上引入知识网络关系广度和关系强度。实证研究结果表明，知识网络关系广度对探索式创新绩效影响的系数为负且显著（$\beta = -0.140$，$p < 0.05$），知识网络关系强度对探

索式创新绩效影响的系数为负且显著（$\beta = -0.140$，$p < 0.05$），假设 1b 和假设 2b 得到支持。

从模型 4.1～模型 4.6 中可以发现：企业知识多元化对利用式创新绩效具有正向作用，多元化知识基础为开展利用式创新提供了更多的可能性和思路；知识互补性对企业利用式创新绩效和探索式创新绩效均具有负向作用；同时，与非集团企业相比，集团企业的利用式创新绩效较低，可能是由于集团企业拥有更多的资金和技术支持，更倾向于搜索新知识的探索式创新；企业所在区域的市场化指数对利用式创新绩效具有显著的正向作用，但对于探索式创新绩效的负向作用不显著。

4.3.2 聚集特征对二元式创新绩效影响的实证研究

1. 描述性统计分析

表 4.3 为各聚集特征的变量描述性统计及相关系数。从表 4.3 中可以看出，各变量之间的相关系数均不高于 0.60，且各变量的方差膨胀因子 VIF 系数低于 3.00，平均 VIF 系数为 1.46，说明变量之间不存在共线性问题，可纳入回归方程进行回归分析。

2. 实证结果分析

根据企业知识网络聚集特征对二元式创新绩效影响的研究假设，共建立六个回归模型，回归结果见表 4.4。

表 4.3　聚集特征的变量描述性统计及相关系数

变量	1	2	3	4	5	6	7	8	9	10	11	12	13
1 利用式创新绩效	1.00												
2 探索式创新绩效	0.50	1.00											
3 知识存量	0.50	0.47	1.00										
4 知识认知距离	0.08	0.08	0.06	1.00									
5 技术复杂性	-0.13	-0.04	-0.07	-0.27	1.00								
6 企业年龄	0.02	0.02	0.15	-0.04	-0.03	1.00							
7 外资企业和我国港澳合企业	0.04	0.10	0.16	0.03	-0.09	0.07	1.00						
8 国有企业	0.16	0.13	0.12	-0.05	0.10	0.17	-0.23	1.00					
9 市场化指数	0.01	-0.06	0.05	-0.02	-0.03	0.03	0.02	0.00	1.00				
10 区域技术市场成交额	-0.03	-0.08	-0.03	-0.05	0.02	0.08	-0.02	-0.07	0.00	1.00			
11 区域 GDP	-0.09	-0.13	-0.08	0.03	-0.18	0.11	0.03	-0.24	0.02	0.29	1.00		
12 局部聚集	-0.07	-0.04	0.13	-0.46	0.34	0.04	-0.03	0.01	0.01	0.04	0.00	1.00	
13 全局聚集	-0.17	-0.25	-0.59	0.00	0.10	-0.06	-0.08	-0.11	-0.08	-0.03	0.10	0.15	1.00
Mean	25.14	3.4	2.73	0.58	0.41	15.38	0.29	0.12	7.75	14.34	10.13	1.00	0.14
SD	75.63	5.12	0.83	0.24	0.25	6.43	0.45	0.32	1.55	1.36	0.58	0.36	0.14
VIF	1.70	1.50	2.74	1.38	1.24	1.11	1.12	1.23	1.02	1.11	1.24	1.67	1.93

注：当相关系数的绝对值大于 0.05 时，$p < 0.1$。

表 4.4 聚集特征的实证结果

变量	利用式创新绩效			探索式创新绩效		
	模型 4.7	模型 4.8	模型 4.9	模型 4.10	模型 4.11	模型 4.12
知识存量	0.268 ***	0.188 **	0.338 ***	− 0.111	− 0.173 *	− 0.049
	(0.071)	(0.078)	(0.083)	(0.098)	(0.105)	(0.111)
知识认知距离	0.022	0.065	0.047	− 0.335	− 0.357	− 0.360
	(0.199)	(0.220)	(0.200)	(0.268)	(0.295)	(0.269)
技术复杂性	− 0.494 **	− 0.481 **	− 0.488 **	− 0.820 ***	− 0.813 ***	− 0.907 ***
	(0.201)	(0.203)	(0.200)	(0.275)	(0.284)	(0.278)
企业年龄	− 0.145 ***	− 0.151 ***	− 0.153 ***	− 0.257 ***	− 0.265 ***	− 0.250 ***
	(0.049)	(0.050)	(0.050)	(0.075)	(0.075)	(0.075)
外资企业和我国港澳台企业	0.027	0.006	0.033	0.465 **	0.486 **	0.479 **
	(0.154)	(0.156)	(0.153)	(0.223)	(0.226)	(0.226)
国有企业	0.156	0.201	0.180	0.660 **	0.719 **	0.637 **
	(0.223)	(0.224)	(0.223)	(0.322)	(0.326)	(0.319)
市场化指数	0.029 *	0.029 *	0.029 *	− 0.006	− 0.007	− 0.005
	(0.016)	(0.016)	(0.016)	(0.020)	(0.020)	(0.020)
区域技术市场成交额	0.193 ***	0.207 ***	0.194 ***	0.218 ***	0.223 ***	0.220 ***
	(0.049)	(0.050)	(0.049)	(0.070)	(0.070)	(0.070)
区域 GDP	0.266 **	0.246 *	0.257 **	− 0.587 ***	− 0.617 ***	− 0.612 ***
	(0.126)	(0.126)	(0.125)	(0.166)	(0.166)	(0.166)
局部聚集		0.105 *			0.070	
		(0.068)			(0.079)	
局部聚集的二次项		− 0.153 ***			− 0.135 **	
		(0.056)			(0.068)	
全局聚集			0.164 *			0.290
			(0.099)			(0.204)
全局聚集的二次项						− 0.147 *
						(0.078)

变量	利用式创新绩效			探索式创新绩效		
	模型 4.7	模型 4.8	模型 4.9	模型 4.10	模型 4.11	模型 4.12
常数项	-5.446 ***	-5.132 ***	-5.549 ***	4.247 ***	4.759 ***	4.528 ***
	(1.223)	(1.234)	(1.218)	(1.521)	(1.534)	(1.532)
Wald chi2	132.39	135.79	136.79	46.18	50.54	50.81
观测值	1086	1086	1086	1024	1024	1024
企业数量	248	248	248	229	229	229

注：括号中是标准误差；* 表示 $p < 0.1$，** 表示 $p < 0.05$，*** 表示 $p < 0.01$。

在回归中，模型 4.7 ~ 模型 4.9 研究了知识网络聚集特征（局部聚集和全局聚集）对企业利用式创新绩效的影响。其中，模型 4.7 仅包括控制变量，模型 4.8 和模型 4.9 分别在模型 4.7 的基础上引入知识网络局部聚集和全局聚集。实证研究结果表明，知识网络局部聚集对利用式创新绩效影响的二次项系数为负且显著（$\beta = -0.153$，$p < 0.01$），知识网络全局聚集对利用式创新绩效影响的系数为正且显著（$\beta = 0.164$，$p < 0.1$），假设 3a 和假设 4a 得到支持。

模型 4.10 ~ 模型 4.12 研究了知识网络聚集特征（局部聚集和全局聚集）对企业探索式创新绩效的影响。其中，模型 4.10 仅包括控制变量，模型 4.11 和模型 4.12 分别在模型 4.10 的基础上引入知识网络局部聚集和全局聚集。实证研究结果表明，知识网络局部聚集对探索式创新绩效影响的二次项系数为负且显著（$\beta = -0.135$，$p < 0.05$），知识网络全局聚集对探索式创新绩效影响的二次项系数为负且显著（$\beta = -0.147$，$p < 0.1$），假设 3b 和假设 4b 得到支持。

从模型 4.7 ~ 模型 4.12 中可以发现：企业知识存量对利用式创新绩效具有显著的正向作用，规模较大的知识网络有助于企业在知识基础内部寻求更多的知识整合和知识组合配置机会；知识存量对探索式创新绩效具有负向影响，但不全部显著。技术复杂性和企业年龄对利用式创新绩效和探索式创新绩效均具有显著负向作用。区域技术市场成交额对利用式创新绩效和探索式创新绩效均具有显著正向作用，区域技术市场成交额越高代表着企业所处区域创新行为越活跃，因此有助于推动更多利用式创新和探索式创新活动的开展。区域 GDP 对利用式创新绩效具有显著正向作用，但对探索式创新绩效具有显著负向作用。

第 **5** 章　知识网络对企业新产品
开发绩效的影响研究

5.1　理论分析与研究假设

在知识本质的作用下，跨技术领域的知识依存关系挖掘通常面临不同程度的风险和不确定性，不同企业由于受到多种内外部因素的影响而采取具有差异性的知识整合策略，以获取其他组织无法轻易模仿和替代的知识优势。在基于知识依存关系构建知识优势的过程中，企业可以选择"厚此薄彼"式的局部知识依存关系进行挖掘和利用，也可以选择"雨露均沾"式的全局知识依存关系进行挖掘和利用。基于这种思想，引入局部聚集和全局聚集的观点。其中，局部聚集描述了网络中部分节点的邻域连接程度，即节点之间集结成团的程度；全局聚集描述了网络中所有节点之间互相连接的紧密程度。

5.1.1　局部聚集对新产品开发绩效的影响

网络局部聚集程度越高反映出网络中部分节点之间的群聚性越高。

较高的知识网络局部聚集体现了企业已有知识库具有明显的局部群聚特征，较高的知识网络局部聚集不利于企业新产品开发绩效的提升。局部群聚性较高的知识网络对应的专业化和精细化知识开发方式推动企业对特定领域中的知识进行系统、深入思考，并形成具有一定竞争优势的模块技术；同时，知识专业化程度的提升促使企业致力于开发日益复杂的新产品，以覆盖更广泛的功能范围。然而，复杂产品的开发不仅需要较高的成本投入，还具有较长的开发周期，如产品雏形设计、生产、市场实验的过程都会变得愈加复杂，从而不利于企业新产品开发绩效的提升。此外，新产品开发活动的顺利开展离不开企业内部资源、信息和专业化知识的共享和协同，知识网络中局部知识群聚的背后往往对应着不同的研发团队，不同团队通常对新产品开发有着不同的兴趣和看法；在资源的约束下，如何向组织争取更多资源以深化和发展团队的技术优势，成为研发团队关注的焦点。研发团队之间的资源竞争使得原本稀缺的资源更无法实现在不同团队之间的协同，并且容易导致企业内部信息、专业化知识和技能的不流通，从而不利于企业新产品开发绩效的提升。据此提出如下假设：

假设 1：较高的知识网络局部聚集不利于企业新产品开发绩效的提升。

5.1.2 全局聚集对新产品开发绩效的影响

知识网络全局聚集程度越高，知识库中所有知识元素之间的连通性越高，同时也反映出企业已有知识库的稳定性和复杂性，较高的知识网络全局聚集也不利于企业新产品开发绩效的提升。全局连通性较高的知识网络体现出企业对已有知识元素之间的依存关系挖掘和利用程度较高；在技术轨迹的作用下，如何进一步深化已有知识库以发现更多知识元素之间的依存关系成为企业关注的重点。一方面，在自身熟悉的发明认知范围内，企业能够产生更多的产品构思，并且已有知识再利用能够为新产品开发过程中解决方案的设计提供思路。但需要注意的是，面向内部知识库开展创新搜索容易产生"组织近视症"（Myopia of Organization）而陷入"能力陷阱"；当企业内部知识元素构建的整合及其应用空间被大量使用时，曾经成功的创新方案和策略可能无法解决新问题。另一方面，在新产品开发过程中，企业需要不断搜索和识别新知识、新信息以更好地满足市场的新需求，并且当企业进行与已有知识距离较远的创新搜索时，能够加快新产品的开发速度；然而，新知识的识别和获取可能打破原有知识体系的稳定性，较高的知识网络全局聚集制约了企业新知识搜索策略的执行，从而不利于新产品开发绩效的提升。据此提出如下假设：

假设 2：较高的知识网络全局聚集不利于企业新产品开发绩效的提升。

根据上述提出的研究假设，构建概念模型如图 5.1 所示。

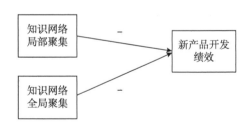

图 5.1　概念模型

5.2　实证研究设计

5.2.1　样本选取与数据收集

汽车产业具有技术密集型的特点，知识已经成为汽车产业发展的核心动力。随着知识产权保护力度的不断增强和知识产权保护意识的日益提升，汽车产业的专利分布非常广泛。表5.1为整理于国家重点产业专利信息服务平台（http：//chinaip. sipo. gov. cn）的我国汽车产业专利分布情况❶，其中每一级技术类别下又划分了多个二级、三级甚至四级类别，如"发动机"类别下包括机体、曲柄连杆机构、配气机构、供给系统、冷却系统、润滑系统、点火系统和起动系统八个二级类别。由此可见，汽车产业的专利数量巨大，知识产权也成了汽车产业发展的生命线，并推动其成为专利密集型的行业。同时，根据国家重点产业专利信息服务平台提供的数据可知：汽车产业的知识产权保护几乎覆盖了汽车的每一个零部件，如汽车车轮涉及的发明专利和实用新型专利数量分别达到30000多件，汽车车窗涉及的发明专利数量近5000件，实用新型专利数量达到7000多件。因此，可以毫不夸张地认为，汽车是由一个个专利组装起来的，专利成为汽车新产品开发的核心所在。

表5.1　我国汽车产业专利分布情况

分类	发明专利数量/件	实用新型专利数量/件
发动机	87136	119171
底盘	164963	188568
车身	138937	199392
电气设备	122425	105658
燃料（油）	12610	1385

新产品开发是将研发成果转化为现实生产力的重要环节，快速推出新颖独特的新产品已成为汽车制造企业取得和保持市场地位的战略性手段。新产品开发离不开技术的创新，并具有周期长、投入大和风险高等特点，如何以更快的速度开发出新产品成为我国汽车产业在国际竞争中

---

❶　相关数据在2020年3月19日获取。

获取竞争优势的重要因素。在《中国制造 2025》的引导下，我国汽车产业正与新能源技术、新一代信息技术进行全产业链的深度融合，试图通过技术融合实现汽车电动化、智能化的发展。作为一种知识密集型活动，成功的新产品开发得益于知识的高效管理，在技术融合背景下如何通过内外部知识的有效整合与利用加快新产品开发成为汽车制造企业亟须解决的问题。为了整顿和规范车辆生产秩序，我国工业和信息化部对车辆生产企业实行产品公告管理，并定期发布《道路机动车辆生产企业及产品公告》。因此，本研究实证分析的样本选取定位于我国汽车产业，并根据我国汽车产业中的汽车公告数据筛选出 2000—2017 年拥有汽车新产品公告的企业。

《中华人民共和国专利法》规定的专利包括发明专利、实用新型专利和外观设计专利三种类型，其中，外观设计专利只涉及美化产品的外表和形状，而不涉及产品制造和设计技术。因此，基于拥有汽车产品公告的企业名单，本研究利用国家知识产权局专利数据对样本企业进行筛选，筛选出 2000—2017 年成功进行实用新型专利或发明专利申请的企业共 1578 家。由于需要构建企业知识网络，本研究使用国内外文献普遍采用的国际专利分类体系（IPC）测度企业的知识基础。IPC 分类号是一种确定专利文献新颖性以及所属技术领域的国际化归类方法，在我国申请的发明专利和实用新型专利也采用了该分类原则，为研究知识网络的构建提供了可能。

随后利用国家企业信用信息公示系统、企业官网等互联网资源进行企业信息确认，并对更名企业进行合并。同时，为了获取企业层面的相关信息（如成立时间、市场类型等），仅保留在国家企业信用信息公示系统中存在记录的企业，共剩余 1029 家。考虑到知识网络聚集的计算，本研究最后保留了所有专利至少涉及两种类别 IPC 分类号（依据 IPC 分类号前四位进行类别判断）的 868 家企业。区域层面数据如省份 GDP 来自《中国统计年鉴》，知识产权实施力度数据来源于国家知识产权局。受制于部分变量信息缺失等问题，本研究的实证分析围绕 868 家企业 2000—2017 年的非平衡面板数据（$N = 3920$）展开。

5.2.2 变量及其测度

1. 因变量

本研究的因变量为新产品开发绩效。根据已有的研究，利用样本企业的产品公告数量测度新产品开发绩效。鉴于创新活动所带来的绩效具有一定滞后性，使用企业在 $t + 1$ 年的产品公告数量测度新产品开发绩效。

2. 自变量

参照已有文献方法，使用企业专利信息中的 IPC 分类号构建知识网络。IPC 分类号采用等级（部、大类、小类、大组、小组）的形式将整个技术领域进行划分，不同 IPC 分类号对应不同的技术领域，一项包含多个 IPC 分类号的专利意味着多种技术领域的成功融合。因此，借助不同类别的 IPC 分类号以及它们之间的依存关系可以构建企业知识网络。具体地，本研究将 IPC 分类号中的前四位作为技术类别判断依据，并将每一种技术类别视为知识网络的节点，当不同技术类别的 IPC 分类号同时出现在一个专利中时，则认为它们对应的知识网络节点之间存在一条连接，即知识网络的边。鉴于时间窗口的延长或缩短可能无法准确反映企业知识基础的变化情况，选择三年期时间窗口（t，$t - 1$，$t - 2$）的专利 IPC 分类号信息构建企业知识网络。

随后，利用网络聚集系数（Clustering Coefficient）测度局部聚集。

计算网络中节点 i 的聚集系数 $CC_i = \dfrac{2E_i}{k_i(k_i-1)}$，$E_i$ 表示节点 i 的邻居间实际存在的边数，k_i 表示节点 i 的度，则网络聚集系数的计算公式为

$$NCC = \frac{1}{n} \sum_{i=1}^{n} CC_i$$

式中，n 为网络中的节点数量。当网络聚集系数较高时，网络中的节点都嵌入具有聚集力的集群中。

最后，利用网络密度（Density）测度全局聚集。网络密度为实际存在的边数与网络内所有可能边数总数的比例，其计算公式为

$$ND = \frac{l}{n(n-1)/2}$$

式中，l 为网络中实际存在的边数；n 为网络中的节点数量。网络密度值越高，所有知识元素之间的全局连通性越强。

3. 控制变量

（1）企业属性。本研究引入企业年龄、企业所有权层面的国有企业、外资企业和我国港澳台企业两个虚拟控制变量。其中，利用国家企业信用信息公示系统中提供的成立时间计算企业年龄（t - 成立时间），并依据企业类型判断企业在 t 年的所有权情况。

（2）知识基础属性。本研究分别引入知识多元化、知识一致性和知识认知距离三种属性，知识基础属性均利用企业在 t 年、$t-1$ 年、$t-2$ 年的专利 IPC 分类号进行测度。

利用熵指数测度知识多元化，其计算公式为

$$KV = \sum_{k=1}^{K} PS_k \ln \frac{1}{PS_k}$$

式中，PS_k 为三年期时间窗口中包含技术类别 k 的专利数量占专利总数的比例；K 为所有技术类别的总数。

沿用已有方法测度知识一致性。计算 $\mu_{mn} = \dfrac{C_m C_n}{P}$ 和 $\sigma^2_{mn} = \mu_{mn} \times \dfrac{P - C_m}{P} \times \dfrac{P - C_n}{P - 1}$，并得到技术类别 m 和 n 的一致性为 $\tau_{mn} = \dfrac{C_{mn} - \mu_{mn}}{\sigma_{mn}}$，则企业知识一致性的计算公式为

$$KC = \sum_m \left(\frac{P_m}{\sum\limits_m P_m} \times \frac{\sum\limits_{n \neq m} \tau_{mn} P_n}{\sum\limits_{n \neq m} P_n} \right)$$

式中，C_m 和 C_n 分别为三年期时间窗口专利中技术类别 m 和 n 出现的次数；C_{mn} 为技术类别 m 和 n 同时出现的次数；P_m 和 P_n 分别为包含技术类别 m 和 n 的专利数量；P 为专利总数。

知识认知距离反映知识元素之间的非相似性程度。本研究中 m 和 n 的认知距离为

$$d_{mn} = 1 - \frac{\sum\limits_{k=1}^{K} C_{mk} C_{nk}}{\sqrt{\sum\limits_{k=1}^{K} C_{mk}^2} \sqrt{\sum\limits_{k=1}^{K} C_{nk}^2}}$$

则企业认知距离的计算公式为

$$KCD = \sum_m \left(\frac{P_m}{\sum\limits_m P_m} \times \frac{\sum\limits_{n \neq m} d_{mn} P_n}{\sum\limits_{n \neq m} P_n} \right)$$

式中，C_{mk} 为三年期时间窗口中技术类别 m 与其他 k 个技术类别同时出现的次数；C_{nk} 为技术类别 n 与其他 k 个技术类别同时出现的次数；P_m 和 P_n 分别为包含技术类别 m 和 n 的专利数量。

（3）区域属性层面。本研究引入企业所在省份的 GDP 自然对数和区域知识产权实施力度，旨在通过区域属性的引入控制区域性制度政策对汽车企业新产品开发可能存在的影响。其中，利用省份结案数量与立案数量的比例进行知识产权实施力度的测量。

5.2.3　模型选择

由于被解释变量为非负整数，需要使用计数模型进行回归，考虑到被解释变量可能存在过度分散的问题（均值 = 114.09，方差 = 314.25），因此本研究使用负二项回归模型。由于样本数据是面板数据，利用 Hausman 方法对模型进行估计，并确定使用固定效应模型。

5.3　实证结果与分析

5.3.1　描述统计

表 5.2 为研究变量的平均值、标准差以及各变量之间的相关系数。样本企业的新产品开发绩效平均达到 114.09，说明我国汽车产业的新产品开发能力总体上得到一定程度的提升；然而，新产品开发绩效标准差达到 314.25，说明样本企业之间的新产品开发能力存在一定的差距。因此，将研究对象定位于我国汽车产业有助于为缩小汽车制造企业新产品开发能力之间的差距、促进汽车产业的自主创新能力提升提供参考策略。与此同时，知识网络局部聚集的均值（0.20）明显低于全局聚集的均值（0.52），说明样本企业对于知识库的全局利用能力较强，且知识体系较为稳定。变量相关关系和方差膨胀因子 VIF 系数表明，各变量之间的相关系数绝对值均不高于 0.53，且方差膨胀因子 VIF 系数低于 2.00，说明变量之间不存在共线性问题，可纳入回归方程进行回归分析。

表 5.2　描述性统计分析

变量	1	2	3	4	5	6	7	8	9	10	11
1 新产品开发绩效	1.00										
2 局部聚集	0.01	1.00									
3 全局聚集	-0.07***	-0.07***	1.00								
4 企业年龄	0.16***	0.00	-0.04**	1.00							
5 国有企业	0.10***	0.00	-0.06***	0.12***	1.00						
6 外资企业和我国港澳合企业	0.04**	-0.02	0.05***	0.01	-0.11***	1.00					
7 知识多元化	0.31***	-0.03	-0.04**	0.18***	0.16***	0.13***	1.00				
8 知识一致性	-0.12***	0.00	0.02	-0.09***	-0.05***	-0.06***	-0.53***	1.00			
9 知识认知距离	0.00	0.01	-0.04**	0.00	0.01	-0.01	-0.08***	-0.05***	1.00		
10 区域知识产权实施力度	0.00	0.01	-0.01	0.03*	-0.01	0.01	-0.02	0.03*	0.02	1.00	
11 区域 GDP	-0.04**	0.01	0.00	0.09***	-0.1***	-0.04**	0.06***	-0.14***	0.01	0.03**	1.00
Mean	114.09	0.20	0.52	13.03	0.06	0.18	1.85	-0.17	0.89	0.84	10.03
SD	314.25	0.29	0.37	7.84	0.23	0.38	1.82	0.18	0.14	0.37	0.75
VIF	1.14	1.01	1.02	1.07	1.08	1.05	1.76	1.44	1.02	1.00	1.05

注：* 表示 $p < 0.1$，** 表示 $p < 0.05$，*** 表示 $p < 0.01$。

5.3.2　假设检验

本研究利用我国汽车产业的868家汽车制造企业在2000—2017年的非平衡面板数据（$N = 3920$）对研究假设进行检验，回归结果见表5.3。在回归中，模型5.1仅包括了控制变量。模型5.2引入知识网络局部聚集，回归结果表明局部聚集的系数为负且显著（$\beta = -0.096$，$p < 0.05$），假设1得到支持，即较高的知识网络局部聚集不利于企业新产品开发绩效的提升。随后，模型5.3在模型5.1的基础上引入知识网络全局聚集，回归结果显示全局聚集的系数为负但不显著，假设2未得到支持。

表5.3　负二项回归固定效应实证结果

变量	模型5.1	模型5.2	模型5.3
企业年龄	0.015 ***	0.014 ***	0.015 ***
	(0.003)	(0.003)	(0.003)
国有企业	0.243 **	0.236 **	0.240 **
	(0.101)	(0.101)	(0.101)
外资企业和我国港澳台企业	0.102	0.100	0.102
	(0.064)	(0.064)	(0.064)
知识多元化	0.017 *	0.016	0.017 *
	(0.010)	(0.010)	(0.010)
知识一致性	-0.141 *	-0.140 *	-0.141 *
	(0.083)	(0.083)	(0.083)
知识认知距离	-0.192 *	-0.187 *	-0.191 *
	(0.099)	(0.099)	(0.099)
区域知识产权实施力度	-0.018	-0.017	-0.019
	(0.030)	(0.030)	(0.030)
区域GDP	0.145 ***	0.148 ***	0.144 ***
	(0.028)	(0.028)	(0.028)

续表

变量	模型 5.1	模型 5.2	模型 5.3
局部聚集		− 0.096 **	
		(0.044)	
全局聚集			− 0.026
			(0.036)
常数项	− 0.610 **	− 0.632 **	− 0.600 **
	(0.285)	(0.285)	(0.286)
Wald	141.19 ***	146.28 ***	141.74 ***
Log likelihood	− 13599.25	− 13596.777	− 13598.982
VIF	1.16	1.18	1.15
Hausman	24.46 ***	25.10 ***	25.60 ***
观测值	3759	3759	3759
企业数量[①]	707	707	707

注：括号中是标准误差；* 表示 $p < 0.1$，** 表示 $p < 0.05$，*** 表示 $p < 0.01$。

①杰弗里·M. 伍德里奇在《计量经济学导论：现代观点》中指出：在非平衡面板数据的固定效应分析中，对每一个观测横截面，都因除时间均值运算而失去一个自由度；只有一个时期的那些横截面单位将不起任何作用。也就是说，固定效应分析过程中消去了不能观察到的不随时间变化的个体异质效应。因此，回归结果中的企业及其观测值数量与研究设计中提及的样本数量（868）有所差异。表 5.4 与此同。

5.3.3　稳健性检验

为了进一步验证实证结果的稳健性，本研究采用泊松回归模型进行稳健性分析，回归结果见表 5.4。通过回归结果可以看出：模型 5.5 和模型 5.6 中局部聚集和全局聚集对企业新产品开发绩效的负向作用是显著的，实证结果支持了假设 1 和假设 2。

表 5.4　泊松回归固定效应实证结果

变量	模型 5.4	模型 5.5	模型 5.6
企业年龄	- 0.015 ***	- 0.016 ***	- 0.010 ***
	(0.002)	(0.002)	(0.002)
国有企业	0.143 ***	0.146 ***	0.138 ***
	(0.044)	(0.044)	(0.044)
外资企业和我国港澳台企业	- 0.040	- 0.037	- 0.037
	(0.046)	(0.046)	(0.046)
知识多元化	0.023 ***	0.024 ***	0.022 ***
	(0.001)	(0.001)	(0.001)
知识一致性	- 0.212 ***	- 0.210 ***	- 0.187 ***
	(0.014)	(0.014)	(0.014)
知识认知距离	- 0.048 **	- 0.045 **	- 0.001
	(0.020)	(0.020)	(0.020)
区域知识产权实施力度	0.040 ***	0.039 ***	0.042 ***
	(0.004)	(0.004)	(0.004)
区域 GDP	0.591 ***	0.599 ***	0.551 ***
	(0.018)	(0.019)	(0.018)
局部聚集		- 0.020 ***	
		(0.007)	
全局聚集			- 0.144 ***
			(0.006)
Wald	20658.80 ***	20667.15 ***	21252.97 ***
Log likelihood	- 60984.701	- 60980.523	- 60660.743
观测值	3759	3759	3759
企业数量	707	707	707

注：括号中是标准误差；* 表示 $p < 0.1$，** 表示 $p < 0.05$，*** 表示 $p < 0.01$。

（本章部分内容来自：徐露允，龚红．协作研发伙伴多元化、知识网络凝聚性与企业新产品开发绩效 [J/OL]．南开管理评论：1 - 16.）

第 6 章 研究结论与启示

1. 企业知识网络演变

基于已有文献，利用我国汽车产业发明专利和实用新型专利中的专利分类号数据构建了知识网络。知识网络关系特征和聚集特征的差异往往反映出企业在技术跨界融合过程中知识整合和知识组合配置能力以及策略的不同，通过对企业知识网络结构特征分析发现：一方面，我国汽车产业知识网络关系特征的总体水平较低，但在总体上还是呈现出了上升趋势，相关企业对于不同技术领域的知识整合能力有一定程度的提升；另一方面，汽车产业在总体上形成了一定程度的局部知识聚集和全局知识聚集，相关企业对于基于优化知识整合的创新路径培养给予了一定程度的重视，但对基于全局资源利用的创新路径的培养能力还有待进一步加强。

企业参与协作研发活动不仅可以学习新知识，还可以在合作伙伴帮助下获取与知识整合和知识组合配置相关的技能、技巧，从而有助于企业加深对现有知识内容的认识以及挖掘到更多知识组合应用前景。对于具有一定技术优势的企业来说，不仅需要在协作研发过程中通过知识输出帮助合作伙伴提升技术创新能力，更要注重自身对知识整合和知识组合配置技能、技巧的学习和强化。对于具有跨技术领域融合优势的企业来说，其积累的丰富知识整合和知识组合配置经验使其不倾向于参与协作研发活动以避免知识外溢带来的风险，但面临技术竞争日益加剧、技术更新换代速度加快的市场环境，企业更应该"戒骄戒躁"，以更开放的态度对待技术跨界融合的高效率实现。协同创新是技术创新的助力器，协同创新过程中的创新知识流动有助于企业提升获取新知识的效率。随着产业规模与产品技术不断发展，产业链条不断完善，与上下游关联产业间的联动作用日趋加强，知识资源在组织间的分布愈加分散，协同创新已成为高效率获取异质性知识的重要途径。然而，合作关系的建立是一个需要考虑多种因素的过程，根据自身技术情况做出更优的合作决策是企业实现其参与协同创新目标的关键。因此，搭建以企业为主体、市场为导向、政产学研用相结合的协同创新平台，为企业协同创新合作关系的建立提供更多选择，以便于企业根据自身需求做出最佳的合作伙伴选择决策。

作为企业技术创新能力和市场竞争能力的重要表现，技术标准制定已经成为企业获取竞争优势的重要途径。参与技术标准制定为企业提供了更多的知识组合应用机会，但其带来的技术范式锁定容易使企业在知识组合配置方面存在一定局限性。参与技术标准制定对于企业在知识整合能力特别是知识组合应用方面表现出了更明显的优势，但在知识组合配置能力方面不具有优势。因此，企业在参与技术标准制定过程中，要避免陷入技术范式的"陷阱"中，在推动技术范式形成的同时也需要保持一定的技术柔性，以维持自身的技术影响力和市场主导能力。标准化战略的成功实施在很大程度上受到技术标准涉及的技术性能以及标准研发者创新能力的影响；同时，标准化过程也是实现技术扩散和互动的过程，有助于进一步提升创新能力。技术创新和标准化两者相辅相成，只有两者协同发展才能全面提升竞争力。然而，在实践中标准化对技术互动的促进作用容易被相关主体所忽略。标准化的必要条件是技术创新，同时也为技术创新提供了更广泛的应用平台，应该鼓励企业结合标准化进行技术创新，强调标准化过程中的新技术学习和对已有技术的升级换代，利用标准化促进技术产业化，实现创新技术效益的最大化。

2. 企业知识网络特征对二元式创新绩效的影响

关系特征的实证结果表明：①知识网络关系广度与利用式创新绩效呈倒 U 形关系，但与探索式创新绩效呈负向关系，较低的知识网络关系广度意味着现有知识网络中存在可挖掘的整合机会和潜在可能性较少，在多重因素作用下，企业倾向于进行更多的探索式创新以实现中介知识元素引入；随着知识网络关系广度的提升，企业积累了较多的相关知识元素整合经验，增强了对多样化知识组合关系进一步挖掘的信念，使得企业倾向于进行更多的利用式创新，而减少探索式创新活动；随着知识网络关系广度进一步提升，考虑到知识元素整合的价值性问题，利用式和探索式创新活动都会受到约束，进而均呈现下降趋势。②知识网络关系强度与利用式创新绩效呈正向关系，与探索式创新绩效呈负向关系。同一知识组合多场景应用有助于实现知识组合效用最大化，因此一旦享受到了已有知识组合新应用、新解决方案带来的效益，企业更倾向于进一步挖掘已有知识组合重复应用的利用式创新活动，而减少探索式创新活动。

聚集特征的实证结果表明：①知识网络局部聚集与利用式创新绩效、探索式创新绩效均呈倒 U 形关系。知识组合配置由于不容易被他人模仿而为企业带来知识优势，当局部聚集程度较低时，局部知识优势的缺乏不利于利用式创新和探索式创新活动的开展，随着局部聚集程度的提升，局部知识优势的形成有助于利用式和探索式创新绩效的提升，但当局部聚集超过一定程度时，企业容易陷入"能力陷阱"，对于利用式创新和探索式创新绩效均具有抑制作用。②知识网络全局聚集与利用式创新绩效呈正向关系，与探索式创新绩效呈倒 U 形关系。不同程度的全局知识元素及其组合关系开发反映了企业对知识元素内容的了解和知识组合经验的积累具有差异性，当全局聚集程度较低时，对知识元素认识和整合经验的不足使得企业具有较低的利用式和探索式创新绩效。随着全局聚集程度的提升，多元化技术领域之间的知识元素整合经验的积累有助于利用式和探索式创新绩效的提升。然而，当知识网络全局聚集程度上升到一定程度时，企业容易产生路径依赖，更关注围绕已有知识元素的整合，有助于利用式创新绩效的提升，但对探索式创新绩效具有抑制作用。

作为技术创新的基本要素，知识基础影响了企业的二元式创新绩效。日益激烈的产品和技术市场竞争推动越来越多的企业通过不断扩展其知识存量提升市场竞争力，然而同一产业中企业的技术发展相似轨迹使得单纯的知识基础存量扩展已无法满足持续竞争优势的需求，如何挖掘更多的知识间依存关系，通过加强知识整合能力实现技术融合已成为提升技术创新绩效、获取持续竞争优势的重要来源。由于成功的知识整合具有一定风险和不确定性，特别是不同技术领域间的知识整合，企业具有的跨技术领域知识整合能力通常是其他组织无法模仿的。因此，企业应注重培养和强化知识整合能力以保证利用式创新绩效和探索式创新绩效的提升。知识整合能力既包括知识整合广度也包括知识整合深度。知识整合广度和整合深度对利用式创新绩效和探索式创新绩效具有不同影响，利用式创新带来更多效益，探索式创新则有助于实现新的技术突破，两者对于企业的发展均具有重要作用。因此，在知识整合过程中，企业需要掌握知识整合广度和整合深度的适度区间以实现利用式创新和探索式创新之间的均衡。

同时，企业在技术创新过程中通常会形成适于自身发展的创新路径。核心知识是创新的技术保障，在激烈的竞争中，单一的知识元素及其整合关系带来的知识优势已无法为企业带来明显的竞争优势，如何在相似的知识存量中构建基于局部知识聚集的知识优势成为技术发展的关键路径。基于局部知识聚集的创新路径的形成在提升利用式创新绩效和探索式创新绩效过程中均具有重要作用；知识局部聚集使得企业拥有部分其他企业无法轻易获得的知识组合配置经验，推动具有竞争优势的关键核心技术的形成，在保证收益稳定增长的同时还可以提升技术优势，这种技术优势不仅可以为新知识获取提供坚实的基础，还可以为新知识整合与应用提供技术保障。然而，这种局部知识聚集也会使得企业陷入"能力陷阱"，过高的局部知识聚集容易使企业忽略技术创新的重要性。另外，知识的获取需要一定的成本和承担一定的风险，企业对基于全局资源配置的创新路径的培养能够使其对已有知识元素及其组合关系进行深入了解，在此过程中积累的相关经验是提升二元式创新绩效的有效途径。然而，过高的全局知识聚集容易使企业更关注于利用式创新绩效的提升，以获取更多收益，而忽略新知识的学习与获取，不利于企业的可持续发展。因此，无论是以局部知识聚集为基础还是以全局知识聚集为基础的知识组合配置能力，对二元式创新绩效的提升均发挥了重要作用，但企业也要警惕配置能力过度开发对技术创新所带来的负面影响。

3. 企业知识网络特征对新产品开发绩效的影响

实证研究结果表明：知识网络局部聚集负向影响企业新产品开发绩效，知识网络全局聚集对新产品开发绩效的负向作用不显著。可能的原因是：样本企业的知识多元化程度总体水平偏低，使得围绕现有知识基础的组合机会及其潜在可能性较低；为了维持市场竞争力并保证持续创新能力，汽车制造企业需要进行更多的新知识学习以拓展知识整合应用空间，这在一定程度上延缓了"组织近视症"的产生，并为后续新知识搜索策略的执行奠定了基础。研究结论拓展了知识基础与新产品开发之间关系的相关研究。知识基础是企业创造性活动和问题解决的动力源，已有文献围绕知识基础的内容性特征如知识基础广度、深度和多元化等对新产品开发绩效的影响展开了分析。然而，知识基础视角下越来越多的研究表明知识基础中的知识依存关系在创新活动中发挥着更重要的作用。遵循这一思路，本研究通过知识基础关系结构视角揭示知识网络聚集对企业新产品开发绩效的影响。

激烈的市场竞争使得技术创新成为企业发展的必由之路，同一产业内出现的技术轨迹相似发展路径迫使企业进行更多的新技术研发以维持竞争优势。然而，一味追求新技术研发所涉及的高风险和高成本为企业发展带来更多不确定性，反而不利于持久生存，需要鼓励企业开展基于技术融合的创新活动。企业需要实施有规划的技术融合战略，并培养在技术融合过程中所需的整合和配置能力，但也需要提醒企业避免陷入相关的"能力陷阱"。技术的本质就是知识，技术融合的实现过程也就是知识的跨界融合，为企业的知识跨界融合提供更多的资金、人才支持，有助于其高效知识跨界融合模式的形成。专利研发已成为汽车新产品开发的核心要件，部分汽车制造企业围绕局部知识形成了系列性的创新成果，虽然这种系列性的创新成果能够带来一定的技术优势，但汽车产品线覆盖范围较广，且任何一项汽车新产品的开发都离不开专利的支持，所以知识基础中局部知识聚集带来的专业化并不利于汽车制造企业新产品开发绩效的提升。汽车制造企业应对这种消极影响有所准备并积极防范。

参考文献

[1] ABRAMOVSKY L, SIMPSON H. Geographic proximity and firm-university innovation linkages: Evidence from Great Britain [J]. Journal of Economic Geography, 2011, 11 (6): 949 – 977.

[2] ABERNATHY W J, CLARK K B. Innovation: Mapping the winds of creative destruction [J]. Research Policy, 1985, 14 (1): 3 – 22.

[3] ADAMS M E, DAY G S, DOUGHERTY D. Enhancing new product development performance: An organizational learning perspective [J]. Journal of Product Innovation Management, 1998, 15 (5): 403 – 422.

[4] ARORA A. Licensing tacit knowledge: Intellectual property rights and the market for know-how [J]. Economics of Innovation and New Technology, 1995, 4 (1): 41 – 60.

[5] ARTHUR W B. Competing technologies, increasing returns, and lock-in by historical events [J]. The Economic Journal, 1989, 99 (394): 116 – 131.

[6] ARVANITIS S, LOKSHIN B, MOHNEN P. Impact of external knowledge acquisition strategies on innovation: A comparative study based on Dutch and Swiss panel data [J]. Review of Industrial Organization, 2015, 46 (4): 1 – 24.

[7] ASCHHOFF B, SCHMIDT T. Empirical evidence on the success of R&D cooperation – happy together? [J]. Review of Industrial Organization, 2008, 33 (1): 41 – 62.

[8] ATALLAH G. Vertical R&D spillovers, cooperation, market structure, and in-

novation [J]. Economics of Innovation and New Technology, 2002, 11 (3): 179 – 209.

[9] ATALLAH G. Defecting from R&D cooperation [J]. Australian Economic Papers, 2006, 45 (3): 204 – 226.

[10] BARNEY J. Firm resources and sustained competitive advantage [J]. Journal of Management, 1991, 17 (1): 99 – 120.

[11] BECHKY B A. Sharing meaning across occupational communities: The transformation of understanding on a production floor [J]. Organization Science, 2003, 14 (3): 312 – 330.

[12] BEERS C V, ZAND F. R&D cooperation, partner diversity, and innovation performance: An empirical analysis [J]. Journal of Product Innovation Management, 2014, 31 (2): 292.

[13] BELDERBOS R, GILSING V, LOKSHIN B, et al. The antecedents of new R&D collaborations with different partner types: On the dynamics of past R&D collaboration and innovative performance [J]. Long Range Planning, 2018, 51 (2): 285 – 302.

[14] BELDERBOS R, CARREE M, LOKSHIN B. Cooperative R&D and firm performance [J]. Research Policy, 2004, 33 (10): 1477 – 1492.

[15] BENNER M J, TUSHMAN M L. Exploitation, exploration, and process management: The productivity dilemma revisited [J]. Academy of Management Review, 2003, 28 (2): 238 – 256.

[16] BENNER M J, TUSHMAN M L. Process management and technological innovation: A longitudinal study of the photography and paint industries [J]. Administrative Science Quarterly, 2002, 47 (4): 676 – 707.

[17] BIERLY III P E, KESSLER E H, CHRISTENSEN E W. Organizational learning, knowledge and wisdom [J]. Journal of Organizational Change Management, 2000, 13 (6): 595 – 618.

[18] BOSCHMA R. Proximity and innovation: A critical assessment [J]. Regional Studies, 2005, 39 (1): 61 – 74.

［19］ BRENNECKE J, RANK O. The firm's knowledge network and the transfer of advice among corporate inventors: A multilevel network study ［J］. Research Policy, 2017, 46 (4): 768 – 783.

［20］ BRUSONI S. The limits to specialization: Problem solving and coordination in 'Modular Networks' ［J］. Organization Studies, 2005, 26 (12): 1885 – 1907.

［21］ BRUSONI S, GEUNA A. An international comparison of sectoral knowledge bases: Persistence and integration in the pharmaceutical industry ［J］. Research Policy, 2003, 32 (10): 1897 – 1912.

［22］ BURG E, BERENDS H, RAAIJ E M. Framing and interorganizational knowledge transfer: A process study of collaborative innovation in the aircraft industry ［J］. Journal of Management Studies, 2014, 51 (3): 349 – 378.

［23］ CABON-DHERSIN M L. R&D cooperation and collusion: The case of joint labs ［J］. The Manchester School, 2008, 76 (4): 424 – 435.

［24］ CAMERER C, VEPSALAINEN A. The economic efficiency of corporate culture ［J］. Strategic Management Journal, 1988, 9 (S1): 115 – 126.

［25］ CANER T, TYLER B B. The effects of knowledge depth and scope on the relationship between R&D alliances and new product development ［J］. Journal of Product Innovation Management, 2015, 32 (5): 808 – 824.

［26］ CARLEY K M. Computational organization science: A new frontier ［J］. Proceedings of the National Academy of Sciences, 2002, 99 (suppl 3): 7257 – 7262.

［27］ CARNABUCI G, OPERTI E. Where do firms' recombinant capabilities come from? Intraorganizational networks, knowledge, and firms' ability to innovate through technological recombination ［J］. Strategic Management Journal, 2013, 34 (13): 1591 – 1613.

［28］ CARNABUCI G, BRUGGEMAN J. Knowledge specialization, knowledge brokerage and the uneven growth of technology domains ［J］. Social Forces, 2009, 88 (2): 607 – 641.

［29］ CASSIMAN B, VEUGELERS R. Spillovers and R&D cooperation: Some empirical

108

evidence [J]. American Economic Review, 2002, 92 (4): 1169 – 1184.

[30] CHANG S, CHUNG C, MAHMOOD I P. When and how does business group affili-ation promote firm innovation? A tale of two emerging economies [J]. Organization Science, 2006, 17 (5): 637 – 656.

[31] CHESBROUGH H W. Open Innovation: The new imperative for creating and profi-ting from technology [M]. Boston: Harvard Business Press, 2006.

[32] CHESBROUGH H W, APPLEYARD M M. Open innovation and strategy [J]. Cal-ifornia Management Review, 2007, 50 (1): 57 – 76.

[33] CHIU W, CHI H, CHANG Y, et al. Dynamic capabilities and radical innovation performance in established firms: A structural model [J]. Technology Analysis & Strategic Management, 2016, 28 (8): 965 – 978.

[34] CHOI S B, LEE S H, WILLIAMS C. Ownership and firm innovation in a transi-tion economy: Evidence from China [J]. Research Policy, 2011, 40 (3): 441 – 452.

[35] CHURCH J, GANDAL N. Complementary network externalities and technological a-doption [J]. International Journal of Industrial Organization, 1991, 11 (93): 239 – 260.

[36] COHEN M D, BURKHART R, DOSI G, et al. Routines and other recurring action patterns of organizations: Contemporary research issues [J]. Industrial and Corpo-rate Change, 1996, 5 (3): 653 – 698.

[37] COHEN W M, KLEPPER S. A reprise of size and R&D [J]. The Economic Jour-nal, 1996, 106 (437): 925 – 951.

[38] COHEN W M, LEVINTHAL D A. Innovation and learning: The two faces of R&D [J]. The Economic Journal, 1989, 99 (397): 569 – 596.

[39] COHEN W M, LEVINTHAL D A. Absorptive capacity: A new perspective on learning and innovation [J]. Strategic Learning in a Knowledge Economy, 1990, 35 (1): 39 – 67.

[40] COHEN W M, NELSON R R, WALSH J P. Links and impacts: The influence of pub-

lic research on industrial R&D [J]. Management Science, 2002, 48 (1): 1 - 23.

[41] COLOMBELLI A, KRAFFT J, QUATRARO F. Properties of knowledge base and firm survival: Evidence from a sample of French manufacturing firms [J]. Technological Forecasting & Social Change, 2012, 80 (8): 1469 - 1483.

[42] COLOMBELLI A, KRAFFT J, QUATRARO F. High-growth firms and technological knowledge: Do gazelles follow exploration or exploitation strategies? [J]. Industrial and Corporate Change, 2014, 23 (1): 261 - 291.

[43] CORDERO R. The measurement of innovation performance in the firm: An overview [J]. Research Policy, 1990, 19 (2): 185 - 192.

[44] COWAN R, FORAY D. The economics of codification and the diffusion of knowledge [J]. Industrial and Corporate Change, 1997, 6 (3): 595 - 622.

[45] CONNER K R, PRAHALAD C K. A resource-based theory of the firm: Knowledge versus opportunism [J]. Organization Science, 1996, 7 (5): 477 - 501.

[46] CROSSAN M M, LANE H W, WHITE R E. An organizational learning framework: From intuition to institution [J]. Academy of Management Review, 1999, 24 (3): 522 - 537.

[47] DA SILVEIRA G, BORENSTEIN D, FOGLIATTO F S. Mass customization: Literature review and research directions [J]. International Journal of Production Economics, 2001, 72 (1): 1 - 13.

[48] DANNEELS E. The dynamics of product innovation and firm competences [J]. Strategic Management Journal, 2002, 23 (12): 1095 - 1121.

[49] DEEDS D L, HILL C W. An examination of opportunistic action within research alliances: Evidence from the biotechnology industry [J]. Journal of Business Venturing, 1999, 14 (2): 141 - 163.

[50] DEMSETZ H. The theory of the firm revisited [J]. Journal of Law Economics & Organization, 1988, 4 (1): 141 - 161.

[51] DECAROLIS D M, DEEDS D L. The impact of stocks and flows of organizational knowledge on firm performance: An empirical investigation of the biotechnology in-

dustry [J]. Strategic Management Journal, 1999, 20 (10): 953 – 968.

[52] D'ESTE P. How do firms' knowledge bases affect intra-industry heterogeneity?: An analysis of the Spanish pharmaceutical industry [J]. Research Policy, 2005, 34 (1): 33 – 45.

[53] DIBIAGGIO L, NASIRIYAR M, NESTA L. Substitutability and complementarity of technological knowledge and the inventive performance of semiconductor companies [J]. Research Policy, 2014, 43 (9): 1582 – 1593.

[54] DIERICKX I, COOL K. Asset stock accumulation and sustainability of competitive advantage [J]. Management Science, 1989, 35 (12): 1504 – 1511.

[55] DUNLAP-HINKLER D, KOTABE M, MUDAMBI R. A story of breakthrough versus incremental innovation: Corporate entrepreneurship in the global pharmaceutical industry [J]. Strategic Entrepreneurship Journal, 2010, 4 (2): 106 – 127.

[56] DYER J H, SINGH H. The relational view: Cooperative strategy and sources of interorganizational competitive advantage [J]. Academy of Management Review, 1998, 23 (4): 660 – 679.

[57] DYER J H, NOBEOKA K. Creating and managing a high-performance knowledge-sharing network: The Toyota case [J]. Strategic Management Journal, 2000, 21 (3): 345 – 367.

[58] EDMONDSON A C, NEMBHARD I M. Product development and learning in project teams: The challenges are the benefits [J]. Journal of Product Innovation Management, 2009, 26 (2): 123 – 138.

[59] EISENHARDT K M, MARTIN J A. Dynamic capabilities: What are they? [J]. Strategic Management Journal, 2000, 21 (10): 1105 – 1121.

[60] ELOFSON G, ROBINSON W N. Collective customer collaboration impacts on supply-chain performance [J]. International Journal of Production Research, 2007, 45 (11): 2567 – 2594.

[61] ENKEL E, GASSMANN O, CHESBROUGH H. Open R&D and open innovation: Exploring the phenomenon [J]. R&D Management, 2009, 39 (4): 311 – 316.

[62] ETGAR M. A descriptive model of the consumer co-production process [J]. Journal of the Academy of Marketing Science, 2008, 36 (1): 97 – 108.

[63] FAGERBERG J, FOSAAS M, SAPPRASERT K. Innovation: Exploring the knowledge base [J]. Research Policy, 2012, 41 (7): 1132 – 1153.

[64] FLEMING L. Recombinant uncertainty in technological search [J]. Management Science, 2001, 47 (1): 117 – 132.

[65] FOSS N J. Knowledge-based approaches to the theory of the firm: Some critical comments [J]. Organization Science, 1996, 7 (5): 470 – 476.

[66] FRANKE N, VON HIPPEL E, SCHREIER M. Finding commercially attractive user innovations: A test of lead-user theory [J]. Journal of Product Innovation Management, 2006, 23 (4): 301 – 315.

[67] FRANSMAN M. International competitiveness, technical change and the state: The machine tool industry in Taiwan of China and Japan [J]. World Development, 1986, 14 (12): 1375 – 1396.

[68] FRITSCH M, LUKAS R. Who cooperates on R&D? [J]. Research Policy, 2001, 30 (2): 297 – 312.

[69] FU X. How does openness affect the importance of incentives for innovation? [J]. Research Policy, 2012, 41 (3): 512 – 523.

[70] GAO G Y, MURRAY J Y, KOTABE M, et al. A "strategy tripod" perspective on export behaviors: Evidence from domestic and foreign firms based in an emerging economy [J]. Journal of International Business Studies, 2010, 41 (3): 377 – 396.

[71] GARCIA-VEGA M. Does technological diversification promote innovation?: An empirical analysis for European firms [J]. Research Policy, 2006, 35 (2): 230 – 246.

[72] GILBERT M, CORDEY-HAYES M. Understanding the process of knowledge transfer to achieve successful technological innovation [J]. Technovation, 1996, 16 (6): 301 – 312.

［73］ GOLDENBERG J, MAZURSKY D, SOLOMON S. Toward identifying the inventive templates of new products: A channeled ideation approach ［J］. Journal of Marketing Research, 1999, 36 (2): 200 – 210.

［74］ GRANT R M. Prospering in dinamically-competitive environments: Organizational capability as knowledge integration ［J］. Organization Science, 1996, 7 (4): 375 – 387.

［75］ GRANT R M. Toward a knowledge-based theory of the firm ［J］. Strategic Management Journal, 1996, 17 (S2): 109 – 122.

［76］ GUAN J, LIU N. Exploitative and exploratory innovations in knowledge network and collaboration network: A patent analysis in the technological field of nano-energy ［J］. Research Policy, 2016, 45 (1): 97 – 112.

［77］ GUAN J, ZHAO Q. The impact of university-industry collaboration networks on innovation in nanobiopharmaceuticals ［J］. Technological Forecasting and Social Change, 2013, 80 (7): 1271 – 1286.

［78］ GULATI R, SYTCH M. Dependence asymmetry and joint dependence in interorganizational relationships: Effects of embeddedness on a manufacturer's performance in procurement relationships ［J］. Administrative Science Quarterly, 2007, 52 (1): 32 – 69.

［79］ GULER I, NERKAR A. The impact of global and local cohesion on innovation in the pharmaceutical industry ［J］. Strategic Management Journal, 2012, 33 (5): 535 – 549.

［80］ GUPTA A K, GOVINDARAJAN V. Knowledge flows and the structure of control within multinational corporations ［J］. Academy of Management Review, 1991, 16 (4): 768 – 792.

［81］ HAGEDOORN J. Inter-firm R&D partnerships: An overview of major trends and patterns since 1960 ［J］. Research Policy, 2002, 31 (4): 477 – 492.

［82］ HANSEN M T. The search-transfer problem: The role of weak ties in sharing knowledge across organization subunits ［J］. Administrative Science Quarterly, 1999, 44

（1）：82 - 111.

[83] HEIDE J B, MINER A S. The shadow of the future: Effects of anticipated interaction and frequency of contact on buyer-seller cooperation [J]. Academy of Management Journal, 1992, 35 (2): 265 - 291.

[84] HENDERSON R M, CLARK K B. Architectural innovation: The reconfiguration of existing product technologies and the failure of established firms [J]. Administrative Science Quarterly, 1990, 35 (1): 9 - 30.

[85] HOBDAY M. Product complexity, innovation and industrial organisation [J]. Research Policy, 1998, 26 (6): 689 - 710.

[86] IANSITI M, CLARK K B. Integration and dynamic capability: Evidence from product development in automobiles and mainframe computers [J]. Industrial and Corporate Change, 1994, 3 (3): 557 - 605.

[87] IYER N, JAYANTI S, LOU K, et al. Shape-based searching for product lifecycle applications [J]. Computer Aided Design, 2005, 37 (13): 1435 - 1446.

[88] KAFOUROS M, WANG C, PIPEROPOULOS P, et al. Academic collaborations and firm innovation performance in China: The role of region-specific institutions [J]. Research Policy, 2015, 44 (3): 803 - 817.

[89] KANG K H, KANG J. Does partner type matter in R&D collaboration for product innovation? [J]. Technology Analysis & Strategic Management, 2010, 22 (8): 945 - 959.

[90] KATILA R. New product search over time: Past ideas in their prime? [J]. Academy of Management Journal, 2002, 45 (5): 995 - 1010.

[91] KATZ M L, SHAPIRO C. On the licensing of innovations [J]. Rand Journal of Economics, 1985, 16 (4): 504 - 520.

[92] KATZ M L, SHAPIRO C. Product compatibility choice in a market with technological progress [J]. Oxford Economic Papers, 1986, 38 (4): 146 - 165.

[93] KATZ M L, SHAPIRO C. Technology adoption in the presence of network externalities [J]. Journal of Political Economy, 1986, 94 (4): 822 - 841.

[94] KAUFFMAN S A. The origins of order: Self-organization and selection in evolution [M]. Oxford: Oxford University Press, 1993.

[95] KESTELOOT K, VEUGELERS R. Stable R&D cooperation with spillovers [J]. Journal of Economics & Management Strategy, 1995, 4 (4): 651 – 672.

[96] KIM J, LEE C, CHO Y. Technological diversification, core-technology competence, and firm growth [J]. Research Policy, 2016, 45 (1): 113 – 124.

[97] KLEINSMANNM, BUIJS J, VALKENBURG R. Understanding the complexity of knowledge integration in collaborative new product development teams: A case study [J]. Journal of Engineering and Technology Management, 2010, 27 (1): 20 – 32.

[98] KNOBEN J, OERLEMANS L A. Proximity and inter-organizational collaboration: A literature review [J]. International Journal of Management Reviews, 2006, 8 (2): 71 – 89.

[99] KOCAK A, CARSRUD A, OFLAZOGLU S. Market, entrepreneurial, and technology orientations: Impact on innovation and firm performance [J]. Management Decision, 2017, 55 (2): 248 – 270.

[100] KOGUT B, ZANDER U. Knowledge of the firm, combinative capabilities, and the replication of technology [J]. Organization Science, 1992, 3 (3): 383 – 397.

[101] KOGUT B, ZANDER U. What firms do? Coordination, identity, and learning [J]. Organization Science, 1996, 7 (5): 502 – 518.

[102] KRAFFT J, QUATRARO F, SAVIOTTI P P. The knowledge-base evolution in biotechnology: A social network analysis [J]. Economics of Innovation and New Technology, 2011, 20 (5): 445 – 475.

[103] KURAN T. The tenacious past: Theories of personal and collective conservatism [J]. Journal of Economic Behavior & Organization, 1988, 10 (2): 143 – 171.

[104] LAURSEN K, REICHSTEIN T, SALTER A. Exploring the effect of geographical proximity and university quality on university-industry collaboration in the United Kingdom [J]. Regional Studies, 2011, 45 (4): 507 – 523.

［105］ LEE S U, KANG J. Technological diversification through corporate venture capital investments: Creating various options to strengthen dynamic capabilities ［J］. Industry and Innovation, 2015, 22 (5): 349 – 374.

［106］ DE LEEUW A C J, VOLBERDA H W. On the concept of flexibility: A dual control perspective ［J］. Omega, 1996, 24 (2): 121 – 139.

［107］ LEVINTHAL D A, MARCH J G. The Myopia of Learning ［J］. Strategic Management Journal, 1993, 14 (S2): 95 – 112.

［108］ LEVINTHAL D A. Adaptation on rugged landscapes ［J］. Management Science, 1997, 43 (7): 934 – 950.

［109］ LHUILLERY S, PFISTER E. R&D cooperation and failures in innovation projects: Empirical evidence from French CIS data ［J］. Research Policy, 2009, 38 (1): 45 – 57.

［110］ LI J, SUTHERLAND D, NING L, et al. Firm ownership, industrial structure, and regional innovation performance in China's provinces ［J］. Technology Analysis & Strategic Management, 2014, 26 (9): 1001 – 1022.

［111］ LI X, ZHENG Y, WANG C L. Inter-firm collaboration in new product development in Chinese pharmaceutical companies ［J］. Asia Pacific Journal of Management, 2016, 33 (1): 165 – 193.

［112］ LI E Y, LIAO C H, YEN H R. Co-authorship networks and research impact: A social capital perspective ［J］. Research Policy, 2013, 42 (9): 1515 – 1530.

［113］ LI Y, ZHOU N, SI Y. Exploratory innovation, exploitative innovation, and performance: Influence of business strategies and environment ［J］. Nankai Business Review International, 2010, 1 (3): 297 – 316.

［114］ LIN J L, FANG S C, FANG S R, et al. Network embeddedness and technology transfer performance in R&D consortia in Taiwan ［J］. Technovation, 2009, 29 (11): 763 – 774.

［115］ LIN C, CHANG C. The effect of technological diversification on organizational performance: An empirical study of S&P 500 manufacturing firms ［J］. Technological

Forecasting and Social Change, 2015 (90): 575 – 586.

[116] LIN Y, WU L. Exploring the role of dynamic capabilities in firm performance under the resource-based view framework [J]. Journal of Business Research, 2014, 67 (3): 407 – 413.

[117] MACHER J T, BOERNER C. Technological development at the boundaries of the firm: A knowledge-based examination in drug development [J]. Strategic Management Journal, 2012, 33 (9): 1016 – 1036.

[118] MADHOK A, TALLMAN S B. Resources, transactions and rents: Managing value through interfirm collaborative relationships [J]. Organization Science, 1998, 9 (3): 326 – 339.

[119] MAHONEY J. Path dependence in historical sociology [J]. Theory and Society, 2000, 29 (4): 507 – 548.

[120] MARCH J G. Exploration and exploitation in organizational learning [J]. Organization Science, 1991, 2 (1): 71 – 87.

[121] MARTIN J A, EISENHARDT K M. Rewiring: Cross-business-unit collaborations in multibusiness organizations [J]. Academy of Management Journal, 2010, 53 (2): 265 – 301.

[122] MCALLISTER D J. Affect-and cognition-based trust as foundations for interpersonal cooperation in organizations [J]. Academy of Management Journal, 1995, 38 (1): 24 – 59.

[123] MCEVILY B, MARCUS A. Embedded ties and the acquisition of competitive capabilities [J]. Strategic Management Journal, 2005, 26 (11): 1033 – 1055.

[124] MINDRUTA D. Value creation in university-firm research collaborations: A matching approach [J]. Strategic Management Journal, 2013, 34 (6): 644 – 665.

[125] MIOTTI L, SACHWALD F. Co-operative R&D: Why and with whom?: An integrated framework of analysis [J]. Research Policy, 2003, 32 (8): 1481 – 1499.

[126] MUKHERJEE V, RAMANI S V. R&D cooperation in emerging industries, asym-

metric innovative capabilities and rationale for technology parks ［J］. Theory and Decision, 2011, 71 (3): 373 - 394.

［127］ NAHAPIET J, GHOSHAL S. Social capital, intellectual capital and the organisational advantage ［J］. Academy of Management Review, 1998, 23 (2): 242 - 266.

［128］ NELSON R R. Observations on the post-bayh-dole rise of patenting at American universities ［J］. The Journal of Technology Transfer, 2001, 26 (1): 13 - 19.

［129］ NESTA L, SAVIOTTI P P. Coherence of the knowledge base and the firm's innovative performance: Evidence from the US pharmaceutical industry ［J］. The Journal of Industrial Economics, 2005, 53 (1): 123 - 142.

［130］ NEWMAN B. Agents, artifacts, and transformations: The foundations of knowledge flows ［M］. Berlin, Heidelberg: Springer, 2004.

［131］ NIELSEN A P. Understanding dynamic capabilities through knowledge management ［J］. Journal of Knowledge Management, 2006, 10 (4): 59 - 71.

［132］ NONAKA I, TOYAMA R, NAGATA A. A firm as a knowledge-creating entity: A new perspective on the theory of the firm ［J］. Industrial and Corporate Change, 2000, 9 (1): 1 - 20.

［133］ NONAKA I. A dynamic theory of organizational knowledge creation ［J］. Organization Science, 1994, 5 (1): 14 - 37.

［134］ OJANEN V, HALLIKAS J. Inter-organisational routines and transformation of customer relationships in collaborative innovation ［J］. International Journal of Technology Management, 2009, 45 (3): 306 - 322.

［135］ OLSON E M, WALKER JR O C, RUEKERF R W, et al. Patterns of cooperation during new product development among marketing, operations and R&D: Implications for project performance ［J］. The Journal of Product Innovation Management, 2001, 18 (4): 258 - 271.

［136］ OXLEY J E, SAMPSON R C. The scope and governance of international R&D alliances ［J］. Strategic Management Journal, 2004, 25 (8): 723 - 749.

[137] PAYNE A F, STORBACKA K, FROW P. Managing the co-creation of value [J]. Journal of the Academy of Marketing Science, 2008, 36 (1): 83 – 96.

[138] PERKMANN M, WALSH K. University-industry relationships and open innovation: Towards a research agenda [J]. International Journal of Management Reviews, 2007, 9 (4): 259 – 280.

[139] PERKMANN M, KING Z, PAVELIN S. Engaging excellence? Effects of faculty quality on university engagement with industry [J]. Research Policy, 2011, 40 (4): 539 – 552.

[140] PETRONI A. The analysis of dynamic capabilities in a competence-oriented organization [J]. Technovation, 1998, 18 (3): 179 – 189.

[141] PFEFFER J. Size and composition of corporate boards of directors: The organization and its environment [J]. Administrative Science Quarterly, 1972, 17 (2): 218 – 228.

[142] PHENE A, FLADMOE-LINDQUIST K, MARSH L. Breakthrough innovations in the US biotechnology industry: The effects of technological space and geographic origin [J]. Strategic Management Journal, 2006, 27 (4): 369 – 388.

[143] PISANO G P. Learning-before-doing in the development of new process technology [J]. Research Policy, 1996, 25 (7): 1097 – 1119.

[144] PISANO G P. Knowledge, integration, and the locus of learning: An empirical analysis of process development [J]. Strategic Management Journal, 1994, 15 (S1): 85 – 100.

[145] POLANYI M. Personal knowledge: Towards a post-critical philosophy [M]. Chicago: The University of Chicago Press, 1962.

[146] POWELL W W, KOPUT K W, SMITH-DOERR L. Interorganizational collaboration and the locus of innovation: Networks of learning in biotechnology [J]. Administrative Science Quarterly, 1996, 41 (1): 116 – 145.

[147] POWELL W W, SNELLMAN K. The knowledge economy [J]. Annual Review of Sociology, 2004, 30 (30): 199 – 220.

［148］PRAHALAD C K, HAMEL G. The core competence of the corporation ［M］. Berlin, Heidelberg: Springer, 2006.

［149］PRAHALAD C K, RAMASWAMY V. Co-opting customer competence ［J］. Harvard Business Review, 2000, 78（1）: 79 - 90.

［150］RANGANATHAN R, ROSENKOPF L. Do ties really bind? The effect of knowledge and commercialization networks on opposition to standards ［J］. Academy of Management Journal, 2014, 57（2）: 515 - 540.

［151］ROBINS J, WIERSEMA M F. A resource-based approach to the multibusiness firm: Empirical analysis of portfolio interrelationships and corporate financial performance ［J］. Strategic Management Journal, 1995, 16（16）: 277 - 299.

［152］ROSEN B N, SCHNAARS S P, SHANI D. A comparison of approaches for setting standards for technological products ［J］. Journal of Product Innovation Management, 1988, 5（2）: 129 - 139.

［153］ROTHWELL R. Successful industrial innovation: Critical factors for the 1990s ［J］. R&D Management, 1992, 22（3）: 221 - 240.

［154］ROWLEY T, BEHRENS D, KRACKHARDT D. Redundant governance structures: An analysis of structural and relational embeddedness in the steel and semiconductor industries ［J］. Strategic Management Journal, 2000, 21（3）: 369 - 386.

［155］SALTER A J, MARTIN B R. The economic benefits of publicly funded basic research: A critical review ［J］. Research Policy, 2001, 30（3）: 509 - 532.

［156］SAVIOTTI P P. On the dynamics of generation and utilisation of knowledge: The local character of knowledge ［J］. Structural Change & Economic Dynamics, 2007, 18（4）: 387 - 408.

［157］SAVIOTTI P P. Considerations about the production in competition policy and intellectual property law ［J］. Journal of Institutional & Theoretical Economics, 2004, 160（1）: 100.

［158］SAVIOTTI P P. Knowledge Networks: Structure and Dynamics ［M］. Berlin,

Heidelberg: Springer, 2009: 19 – 41.

[159] SCHULZ M. The uncertain relevance of newness: Organizational learning and knowledge flows [J]. Academy of Management Journal, 2001, 44 (4): 661 – 681.

[160] SCHOTTER A, BEAMISH P W. General manager staffing and performance in transitional economy subsidiaries: A subnational analysis [J]. International Studies of Management & Organization, 2011, 41 (2): 55 – 87.

[161] SCHUMPETER J A. Business Cycles [M]. New York: McGraw-Hill, 1939.

[162] SHAPIRO C. Navigating the patent thicket: Cross licenses, patent pools, and standard setting [J]. Innovation Policy and the Economy, 2000 (1): 119 – 150.

[163] SHI W S, SUN S L, PENG M W. Sub-national institutional contingencies, network positions, and IJV partner selection [J]. Journal of Management Studies, 2012, 49 (7): 1221 – 1245.

[164] SKAGGS B C, YOUNDT M. Strategic positioning, human capital, and performance in service organizations: A customer interaction approach [J]. Strategic Management Journal, 2004, 25 (1): 85 – 99.

[165] SOH P H. Network patterns and competitive advantage before the emergence of a dominant design [J]. Strategic Management Journal, 2010, 31 (4): 438.

[166] SONG M, BIJ H, WEGGEMAN M. Factors for improving the level of knowledge generation in new product development [J]. R&D Management, 2006, 36 (2): 173 – 187.

[167] SPENDER J. Making knowledge the basis of a dynamic theory of the firm [J]. Strategic Management Journal, 1996, 17 (S2): 45 – 62.

[168] SUZUKI J, KODAMA F. Technological diversity of persistent innovators in Japan: Two case studies of large Japanese firms [J]. Research Policy, 2004, 33 (3): 531 – 549.

[169] SZULANSKI G. Exploring internal stickiness: Impediments to the transfer of best practice within the firm [J]. Strategic Management Journal, 1996, 17 (S2): 27 – 43.

[170] SZULANSKI G. The process of knowledge transfer: A diachronic analysis of sticki-ness [J]. Organizational Behavior and Human Decision Processes, 2000, 82 (1): 9 – 27.

[171] TEACHMAN J D. Analysis of population diversity: Measures of qualitative varia-tion [J]. Sociological Methods & Research, 1980, 8 (3): 341 – 362.

[172] TEECE D J, PISANO G, SHUEN A. Dynamic capabilities and strategic manage-ment [J]. Strategic Management Journal, 1997, 18 (18): 509 – 533.

[173] TEECE D J, PISANO G. The dynamic capabilities of firms: An introduction [J]. Industrial and Corporate Change, 1994, 3 (3): 537 – 556.

[174] TEECE D J. Explicating dynamic capabilities: The nature and microfoundations of (sustainable) enterprise performance [J]. Strategic Management Journal, 2007, 28 (13): 1319 – 1350.

[175] THURSBY J G, THURSBY M C. Who is selling the ivory tower? Sources of growth in university licensing [J]. Management Science, 2002, 48 (1): 90 – 104.

[176] THRANE S, BLAABJERG S, MØLLER R H. Innovative path dependence: Mak-ing sense of product and service innovation in path dependent innovation processes [J]. Research Policy, 2010, 39 (7): 932 – 944.

[177] TORTORIELLO M. The social underpinnings of absorptive capacity: The modera-ting effects of structural holes on innovation generation based on external knowledge [J]. Strategic Management Journal, 2015, 36 (4): 586 – 597.

[178] UZZI B. Social structure and competition in interfirm networks: The paradox of em-beddedness [J]. Administrative Science Quarterly, 1997, 42 (1): 35 – 67.

[179] VANDERMERWE S. How increasing value to customers improves business results [J]. MIT Sloan Management Review, 2000, 42 (1): 27 – 37.

[180] VAN BEERS C, ZAND F. R&D cooperation, partner diversity, and innovation performance: An empirical analysis [J]. Journal of Product Innovation Manage-ment, 2014, 31 (2): 292 – 312.

[181] VAN DEN BERGH J C. Optimal diversity: Increasing returns versus recombinant

innovation [J]. Journal of Economic Behavior & Organization, 2008, 68 (3):
565 – 580.

[182] VERONA G, RAVASI D. Unbundling dynamic capabilities: An exploratory study
of continuous product innovation [J]. Industrial and Corporate Change, 2003, 12
(3): 577 – 606.

[183] WALTER J, KELLERMANNS F W, LECHNER C. Decision making within and
between organizations: Rationality, politics, and alliance performance [J]. Jour-
nal of Management, 2012, 38 (5): 1582 – 1610.

[184] WANG Y, LI J, NING L, et al. Dynamic patterns of technology collaboration: A
case study of the Chinese automobile industry, 1985 – 2010 [J]. Scientometrics,
2014, 101 (1): 663 – 683.

[185] WANG C, RODAN S, FRUIN M, et al. Knowledge networks, collaboration net-
works, and exploratory innovation [J]. Academy of Management Journal, 2014,
57 (2): 484 – 514.

[186] WANG J. A knowledge network constructed by integrating classification, thesau-
rus, and metadata in digital library [J]. The International Information & Library
Review, 2003, 35 (2): 383 – 397.

[187] WANG C L, SENARATNE C, RAFIQ M. Success traps, dynamic capabilities and
firm performance [J]. British Journal of Management, 2015, 26 (1): 26 – 44.

[188] WANG Q, XIE J. Will consumers be willing to pay more when your competitors a-
dopt your technology? The impacts of the supporting-firm base in markets with net-
work effects [J]. Journal of Marketing, 2011, 75 (5): 1 – 17.

[189] WANG Y, ZHOU Z, LI Y J. The impact of licensed-knowledge attributes on
the innovation performance of licensee firms: Evidence from the Chinese elec-
tronic industry [J]. The Journal of Technology Transfer, 2013, 38 (5):
699 – 715.

[190] WERNERFELT B. A resource-based view of the firm [J]. Strategic Management
Journal, 1984, 5 (2): 171 – 180.

［191］WONG P K, KIESE M, SINGH A, et al. The pattern of innovation in Singapore's manufacturing sector ［J］. Singapore Management Review, 2003, 25 (1): 1 – 34.

［192］XU L, LI J, ZENG D. How does knowledge network affect a firm's explorative innovation? The contingent role of R&D collaborations ［J］. Technology Analysis & Strategic Management, 2017, 29 (9): 973 – 987.

［193］XU S, FENIK A P, SHANER M B. Multilateral alliances and innovation output: The importance of equity and technological scope ［J］. Journal of Business Research, 2014, 67 (11): 2403 – 2410.

［194］YAYAYARAM S, AHUJA G. Decomposability in knowledge structures and its impact on the usefulness of inventions and knowledge-base malleability ［J］. Administrative Science Quarterly, 2008, 53 (2): 333 – 362.

［195］YAYAVARAM S, CHEN W. Changes in firm knowledge couplings and firm innovation performance: The moderating role of technological complexity ［J］. Strategic Management Journal, 2015, 36 (3): 377 – 396.

［196］YANG H, PHELPS C, STEENSMA H K. Learning from what others have learned from you: The effects of knowledge spillovers on originating firms ［J］. Academy of Management Journal, 2010, 53 (2): 371 – 389.

［197］ZAHRA S A, GEORGE G. Absorptive capacity: A review, reconceptualization, and extension ［J］. Academy of Management Review, 2002, 27 (2): 185 – 203.

［198］ZERHOUNI E. The NIH roadmap ［J］. Science, 2003, 302 (5642): 63 – 72.

［199］ZHANG J, BADEN-FULLER C. The influence of technological knowledge base and organizational structure on technology collaboration ［J］. Journal of Management Studies, 2010, 47 (4): 679 – 704.

［200］ZHENG Y, YANG H. Does familiarity foster innovation? The impact of alliance partner repeatedness on breakthrough innovations ［J］. Journal of Management Studies, 2015, 52 (2): 213.

［201］ZOLLO M, REUER J J, SINGH H. Interorganizational routines and performance in strategic alliances ［J］. Organization Science, 2002, 13 (6): 701 – 713.

[202] ZOLLO M, WINTER S G. Deliberate learning and the evolution of dynamic capabilities [J]. Organization Science, 2002, 13 (3): 339 – 351.

[203] ZOO H, VRIES H, LEE H. Interplay of innovation and standardization: Exploring the relevance in developing countries [J]. Technological Forecasting & Social Change, 2017, 118: 334 – 348.

[204] ZOTT C. Dynamic capabilities and the emergence of intraindustry differential firm performance: Insights from a simulation study [J]. Strategic Management Journal, 2003, 24 (2): 97 – 125.

[205] 蔡秀玲. "硅谷"与"新竹"区域创新环境形成机制比较与启示 [J]. 亚太经济, 2004, (6): 61 – 64.

[206] 蔡虹, 刘岩, 向希尧. 企业知识基础对技术合作的影响研究 [J]. 管理学报, 2013, 10 (6): 875 – 881.

[207] 曹勇, 孙合林, 蒋振宇, 等. 模糊前端不确定性、知识共享与新产品开发绩效 [J]. 科研管理, 2016, 37 (5): 24 – 32.

[208] 陈培祯, 曾德明. 网络位置、知识基础对企业新产品开发绩效的影响 [J]. 管理评论, 2019, 31 (11): 128 – 138.

[209] 陈培祯, 曾德明, 李健. 技术多元化对企业新产品开发绩效的影响 [J]. 科学学研究, 2018, 36 (6): 1070 – 1077.

[210] 陈学章. 企业标准化与技术创新 [J]. 标准科学, 2008 (2): 48 – 50.

[211] 陈良民. 基于企业创新网络的知识流动研究 [D]. 沈阳: 辽宁大学, 2009.

[212] 陈立勇, 张洁琼, 曾德明, 等. 知识重组、协作研发深度对企业技术标准制定的影响研究 [J]. 管理学报, 2019, 16 (4): 531 – 540.

[213] 戴勇, 朱桂龙, 肖丁丁. 内部社会资本、知识流动与创新: 基于省级技术中心企业的实证研究 [J]. 科学学研究, 2011, 29 (7): 1046 – 1055.

[214] 党兴华, 李玲, 张巍. 技术创新网络中企业间依赖与合作动机对企业合作行为的影响研究 [J]. 预测, 2010, 29 (5): 37 – 41.

[215] 邓洲. 国外技术标准研究综述 [J]. 科研管理, 2011, 32 (3): 67 – 76.

[216] 丁燕霞. 论金融危机下产业结构调整的历史契机 [J]. 山西高等学校社会科

学学报，2010，22（8）：48－49.

[217] 杜静，魏江. 知识存量的增长机理分析［J］. 科学学与科学技术管理，2004，25（1）：24－27.

[218] 冯新民，王建冬. 知识挖掘的概念困境与广义知识挖掘［J］. 情报杂志，2008，27（7）：63－65.

[219] 冯科. 协作研发网络提升企业对技术标准制定的影响力研究［D］. 长沙：湖南大学，2014.

[220] 傅家骥. 技术经济学前沿问题［M］. 北京：经济科学出版社，2003.

[221] 付雅宁，刘凤朝，马荣康. 发明人合作网络影响企业探索式创新的机制研究：知识网络的调节作用［J］. 研究与发展管理，2018，30（2）：21－32.

[222] 高俊光. 面向技术创新的技术标准形成路径实证研究［J］. 研究与发展管理，2012，24（1）：11－17.

[223] 高卫军. 标准必要专利实施许可研究：以华为公司与美国交互数字集团标准必要专利纠纷案为视角［D］. 重庆：西南政法大学，2014.

[224] 高山行，肖振鑫，高宇. 企业制度资本对新产品开发的影响研究：市场化程度与竞争强度的调节作用［J］. 管理评论，2018，30（9）：110－120.

[225] 葛亚力. 技术标准战略的构建策略研究［J］. 中国工业经济，2003，（6）：91－96.

[226] 顾新. 知识链管理：基于生命周期的组织之间知识链管理框架模型研究［M］. 成都：四川大学出版社，2008.

[227] 郭瑜桥，和金生，王咏源. 隐性知识与显性知识的界定研究［J］. 西南交通大学学报（社会科学版），2007，8（3）：118－121.

[228] 郭国庆，吴剑峰. 企业知识库、技术探索与创新绩效关系研究：基于美国电子医疗设备行业的实证分析［J］. 南开管理评论，2007，10（3）：87－93.

[229] 何庆丰，陈武，王学军. 直接人力资本投入、R&D 投入与创新绩效的关系：基于我国科技活动面板数据的实证研究［J］. 技术经济，2009，28（4）：1－9.

[230] 何郁冰，陈劲. 技术多元化战略与企业竞争优势关系研究述评［J］. 科研管

理，2013，34（5）：10-20.

[231] 胡冰. 知识溢出与区域创新的联动考察 [J]. 统计与决策，2016（23）：98-100.

[232] 华金科. 技术标准联盟中研发人员的协调机制研究 [J]. 科技管理研究，2006，26（11）：130-131.

[233] 黄攸立，陈如琳. 企业创新绩效影响因素的研究综述 [J]. 北京邮电大学学报（社会科学版），2010，12（4）：71-77.

[234] 黄永衡. 企业标准化在于创新驱动 [J]. 中国标准化，2016（1）：35.

[235] 金昕，陈松. 知识源战略、动态能力对探索式创新绩效的影响：基于知识密集型服务企业的实证 [J]. 科研管理，2015，36（2）：32-40.

[236] 李保红，吕廷杰. 技术标准的经济学属性及有效形成模式分析 [J]. 北京邮电大学学报（社会科学版），2005，7（2）：25-28.

[237] 李龙一，张炎生. 基于主导设计的技术标准形成研究 [J]. 科学学与科学技术管理，2009，30（6）：37-42.

[238] 李冬梅，宋志红. 网络模式、标准联盟与主导设计的产生 [J]. 科学学研究，2017，35（3）：428-437.

[239] 李春田. 企业标准化战略三部曲 [M]. 北京：中国标准出版社，2012.

[240] 李春田. 标准化在市场经济发展中的作用：标准化与法治 [J]. 上海标准化，2003（9）：11-16.

[241] 李莉，党兴华，张首魁. 基于知识位势的技术创新合作中的知识扩散研究 [J]. 科学学与科学技术管理，2007，28（4）：107-112.

[242] 李琳. 高新技术产业集群中的知识流动分析框架 [J]. 科技管理研究，2006，26（6）：90-93.

[243] 李婷，董慧芹. 科技创新环境评价指标体系的探讨 [J]. 中国科技论坛，2005（4）：30-31.

[244] 李健. 我国协作研发网络的演化过程与结构特征研究：基于 R&D 国际化视角 [J]. 科学学与科学技术管理，2013，34（9）：27-36.

[245] 李健，余悦. 合作网络结构洞、知识网络凝聚性与探索式创新绩效：基于我

国汽车产业的实证研究 [J]．南开管理评论，2018，21（6）：121-130.

[246] 廖志江，高敏，廉立军．基于知识势差的产业技术创新战略联盟知识流动研究 [J]．图书馆学研究，2013（1）：78-83.

[247] 林南．建构社会资本的网络理论 [J]．国外社会学，2002（2）：18-37.

[248] 林夕慧．政府决定技术标准的影响因素与建议 [J]．经济论坛，2006（22）：7-8.

[249] 刘岩，蔡虹，向希尧．企业技术知识基础多元度对创新绩效的影响：基于中国电子信息企业的实证分析 [J]．科研管理，2015，36（5）：1-9.

[250] 刘岩，蔡虹．企业知识基础与技术创新绩效关系研究：基于中国电子信息行业的实证分析 [J]．科学学与科学技术管理，2011，32（10）：64-69.

[251] 刘岩，蔡虹，张洁．企业技术合作、知识基础与技术创新绩效关系研究：基于中国电子信息行业的实证分析 [J]．科技进步与对策，2014，32（21）：59-64.

[252] 刘岩，蔡虹．企业知识基础网络结构与技术创新绩效的关系：基于中国电子信息行业的实证分析 [J]．系统管理学报，2012，21（5）：655-661.

[253] 刘丽，何有缘，卢凤君．技术标准知识在企业的扩散与溢出的模式 [J]．中国农业大学学报（社会科学版），2005（3）：43-48.

[254] 刘学元，丁雯婧，赵先德．企业创新网络中关系强度、吸收能力与创新绩效的关系研究 [J]．南开管理评论，2016，19（1）：30-42.

[255] 刘丽，卢凤君，刘扬，等．ISO9000标准的扩散过程研究 [J]．科学学研究，2004，22（6）：589-593.

[256] 毛崇峰，龚艳萍，周青．认知邻近性对横向技术标准合作的影响研究 [J]．自然辩证法研究，2012（9）：45-49.

[257] 毛崇峰，龚艳萍，周青．认知邻近性对纵向技术标准合作的作用分析 [J]．科技与管理，2012，14（5）：35-38.

[258] 毛荐其．技术创新进化原理、过程与模型 [M]．北京：经济管理出版社，2006.

[259] 马胜男，孙翊．标准知识溢出及其前沿问题 [J]．科学学与科学技术管理，

2010, 31 (10): 112 - 118.

[260] 潘清泉，唐刘钊. 技术关联调节下的企业知识基础与技术创新绩效的关系研究 [J]. 管理学报，2015，12 (12): 1788 - 1796.

[261] 庞芳兰，庄贵军. 承诺不对称性、交易专有资产与企业间信任 [J]. 工业工程与管理，2017，22 (3): 128 - 134.

[262] 邱成利. 创新环境及其对新产业成长的作用机制 [J]. 数量经济技术经济研究，2002，19 (4): 5 - 7.

[263] 秦海. 制度、演化与路径依赖 [M]. 北京：中国财政经济出版社，2004.

[264] 任恕崇. 质量体系的标准化：介绍 ISO9000—9004 [J]. 管理现代化，1989 (5): 17 - 20.

[265] 舒辉. 知识产权与技术标准协同发展之策略探析 [J]. 情报科学，2015 (2): 25 - 30.

[266] 孙早，宋炜. 企业 R&D 投入对产业创新绩效的影响：来自中国制造业的经验证据 [J]. 数量经济技术经济研究，2012 (4): 49 - 63.

[267] 谈克华. 论科学知识的锁定及其突破 [J]. 自然辩证法研究，2010，26 (11): 37 - 42.

[268] 唐馥馨，张大亮，张爽. 后发企业自主国际技术标准的形成路径研究：以浙大中控 EPA 标准为例 [J]. 管理学报，2011，8 (7): 974 - 979.

[269] 汤超颖，伊丽娜. 知识基础与合作网络对企业知识创新的交互影响研究 [J]. 科学学与科学技术管理，2017，38 (4): 85 - 95.

[270] 陶爱萍，李丽霞，洪结银. 标准锁定、异质性和创新惰性 [J]. 中国软科学，2013 (12): 165 - 172.

[271] 田为兴，何建敏，申其辉. 标准经济学理论研究前沿 [J]. 经济学动态，2015 (10): 104 - 115.

[272] 涂振洲，顾新. 基于知识流动的产学研协同创新过程研究 [J]. 科学学研究，2013，31 (9): 1381 - 1390.

[273] 万涛. 隐性知识转化为显性知识的评价判断规则研究 [J]. 管理评论，2015，27 (7): 66 - 75.

[274] 王元地, 刘凤朝, 潘雄锋. 专利技术许可与中国企业创新能力发展 [J]. 科学学研究, 2011, 29 (12): 1821 – 1828.

[275] 王庆喜, 秦辉. 技术创新能力与民营企业竞争优势的实证分析 [J]. 科学学研究, 2007, 25 (s2): 460 – 464.

[276] 王燕. 全面培养呵护标准化复合型人才: 企业标准化人才需求调查 [J]. 质量与标准化, 2009 (1): 36 – 38.

[277] 王舒, 吴江宁. 基于企业引用网络的技术影响力评价研究 [J]. 科学学研究, 2011, 29 (3): 396 – 402.

[278] 王海绒, 苏中锋. 整合独立研发与合作研发: 基于知识治理观点的研究 [J]. 科学学与科学技术管理, 2018, 39 (5): 65 – 75.

[279] 王泓略, 曾德明, 陈培帧. 企业知识重组对技术创新绩效的影响: 知识基础关系特征的调节作用 [J]. 南开管理评论, 2020, 23 (1): 53 – 61.

[280] 汪安佑, 郭琳. 推进高科技企业自主创新的 "研中学" 模型 [J]. 管理学报, 2009, 6 (5): 658 – 663.

[281] 吴悦, 顾新, 涂振洲. 基于知识流动的产学研协同创新协同关系的形成过程研究 [J]. 图书馆学研究, 2015 (23): 87 – 93.

[282] 吴绍波, 顾新, 彭双, 等. 知识链组织之间的冲突与信任协调: 基于知识流动视角 [J]. 科技管理研究, 2009 (6): 325 – 327.

[283] 魏奇锋, 顾新. 基于知识流动的产学研协同创新过程研究 [J]. 科技进步与对策, 2013, 31 (15): 1381 – 1390.

[284] 解学梅, 方良秀. 国外协同创新研究述评与展望 [J]. 研究与发展管理, 2015, 27 (4): 16 – 24.

[285] 谢康, 吴清津, 肖静华. 企业知识分享学习曲线与国家知识优势 [J]. 管理科学学报, 2002, 5 (2): 14 – 21.

[286] 熊捷, 孙道银. 企业社会资本、技术知识获取与产品创新绩效关系研究 [J]. 管理评论, 2017, 29 (5): 23 – 39.

[287] 熊勇. 产业转型升级期技术标准战略的作用及对策研究 [D]. 广州: 华南理工大学, 2013.

[288] 徐露允，曾德明，张运生. 知识聚集、协作研发模式与探索式创新绩效：基于我国汽车产业的实证研究 [J]. 管理评论，2019，31 (6)：68 – 76.

[289] 许冠南. 关系嵌入性对技术创新绩效的影响研究：基于探索型学习的中介机制 [D]. 杭州：浙江大学，2008.

[290] 杨慧军，杨建君. 外部搜寻、联结强度、吸收能力与创新绩效的关系 [J]. 管理科学，2016，29 (3)：24 – 37.

[291] 杨诗吟，罗自立，李武. 标准有效供给与科技成果转化的关系 [J]. 标准科学，2016 (12)：68 – 71.

[292] 叶林威，戚昌文. 技术标准：专利战的新武器 [J]. 研究与发展管理，2003，15 (2)：54 – 59.

[293] 易明，王腾，吴超. 外商直接投资、知识溢出影响区域创新水平的实证研究 [J]. 宏观经济研究，2013 (3)：98 – 105.

[294] 尹贻梅，刘志高，刘卫东. 路径依赖理论研究进展评析 [J]. 外国经济与管理，2011，33 (8)：1 – 7.

[295] 应洪斌. 结构洞对产品创新绩效的作用机理研究：基于知识搜索与转移的视角 [J]. 科研管理，2016，37 (4)：9 – 15.

[296] 于飞，刘明霞，王凌峰，等. 知识耦合对制造企业绿色创新的影响机理：冗余资源的调节作用 [J]. 南开管理评论，2019，22 (3)：54 – 65，76.

[297] 于颖. 企业契约的不完备性及其后果 [J]. 财经问题研究，2008 (6)：42 – 46.

[298] 袁昕. 以 TD – SCDMA 深入发展为契机全力提升我国自主创新能力 [J]. 中国无线电，2005 (6)：38 – 40.

[299] 曾德明，周涛. 企业知识基础结构与技术创新绩效关系研究：知识元素间关系维度新视角 [J]. 科学学与科学技术管理，2015，36 (10)：80 – 88.

[300] 曾德明，戴海闻，张裕中. 基于网络结构与资源禀赋的企业对标准化影响力研究 [J]. 管理学报，2016，13 (1)：59 – 66.

[301] 曾德明，邹思明，张运生. 网络位置、技术多元化与企业在技术标准制定中的影响力研究 [J]. 管理学报，2015，12 (2)：198 – 206.

[302] 曾德明，文金艳. 协作研发网络中心度、知识距离对企业二元式创新的影响 [J]. 管理学报，2015，12（10）：1479.

[303] 曾德明，韩智奇，邹思明. 协作研发网络结构对产业技术生态位影响研究 [J]. 科学学与科学技术管理，2015，36（3）：87 - 95.

[304] 张生太，朱宏淼. 人员流动对组织间隐性知识共享影响研究 [J]. 管理科学学报，2016，19（7）：78 - 84.

[305] 张生太，梁娟. 组织政治技能、组织信任对隐性知识共享的影响研究 [J]. 科研管理，2012，33（6）：31 - 39.

[306] 张小蒂，王中兴. 中国 R&D 投入与高技术产业研发产出的相关性分析 [J]. 科学学研究，2008，26（3）：526 - 529.

[307] 张光磊，刘善仕，申红艳. 组织结构、知识转移渠道与研发团队创新绩效：基于高新技术企业的实证研究 [J]. 科学学研究，2011，29（8）：1198 - 1206.

[308] 张米尔，张美珍，冯永琴. 技术标准背景下的专利池演进及专利申请行为 [J]. 科研管理，2012，33（7）：67 - 73.

[309] 张米尔，国伟，纪勇. 技术专利与技术标准相互作用的实证研究 [J]. 科研管理，2013（4）：68 - 73.

[310] 张志勇，刘益，谢恩. 基于动态网络模型的研发团队隐性知识转移研究 [J]. 运筹与管理，2007，16（6）：142 - 147.

[311] 张江甫，顾新. 基于双阶段扩散的知识网络知识流动模型及仿真 [J]. 情报理论与实践，2016，39（5）：74 - 78.

[312] 张泳，赵昱虹. 标准竞争对组织、消费者的影响研究评述 [J]. 科技管理研究，2012，32（24）：161 - 164.

[313] 张天林，张思敏. 企业标准化难点的原因分析及对策 [J]. 标准科学，2009（8）：15 - 17.

[314] 张秀春. 标准化与企业未来发展战略 [D]. 北京：对外经济贸易大学，2003.

[315] 张玉臣，王芳杰. 研发联合体：基于交易成本和资源基础理论视角 [J]. 科

研管理，2019，40（8）：1－11.

［316］张敏睿，李易航. 标准、知识产权协同技术创新规律的研究［J］. 中国标准化，2017（20）：18－19.

［317］张利飞，吕晓思，张运生. 创新生态系统技术依存结构对企业集成创新竞争优势的影响研究［J］. 管理学报，2014，11（2）：229－237.

［318］赵莉，王华清. 高新技术企业专利管理与技术创新绩效的关联：技术锁定的调节效应［J］. 研究与发展管理，2015，27（3）：114－125.

［319］赵炎，周娟. 企业合作网络中嵌入性及联盟类型对创新绩效影响的实证研究：以中国半导体战略联盟网络为例［J］. 研究与发展管理，2013，25（1）：12－23.

［320］赵海军. 论标准经济学［J］. 广东财经大学学报，2007（1）：4－7.

［321］赵海军. 标准经济学研究综述与理论建设问题［J］. 生产力研究，2011（2）：200－202.

［322］郑素丽，章威，吴晓波. 基于知识的动态能力：理论与实证［J］. 科学学研究，2010，28（3）：405－411.

［323］郑素丽，卞秀坤，诸葛凯，等. 基于知识整合的专利组合与企业创新绩效关系研究［J］. 情报杂志，2019，38（12）：191－199.

［324］周飞雪. 制造业企业创新知识的路径依赖分析研究［C］. 第四届中国科学学与科技政策研究会学术年会，中国科学学与科技政策研究会，2008：1088－1094.

［325］朱小斌，沈丹峰. 跨国公司人员派遣与知识流动的关系探讨：基于跨国公司在沪子公司的实证研究［J］. 管理学报，2010，7（12）：1831－1838.

［326］朱远程，王磊. 论企业 R&D 支出与企业技术市场成交额的关系［J］. 科学学研究，2005，23（s1）：141－145.

［327］钟诚. 标准必要专利布局与企业标准化活动研究初探［J］. 标准科学，2018（2）：34－39.

［328］邹国庆，徐庆仑. 核心能力的构成维度及其特性［J］. 中国工业经济，2005（5）：96－103.

［329］邹思明，邹增明，曾德明. 协作研发网络对企业技术标准化能力的影响：竞争 – 互补关系视角［J］. 科学学研究，2020，38（1）：97 – 104.

［330］宗查查. 技术标准、技术创新对经济增长影响的研究［D］. 合肥：合肥工业大学，2014.